「地域の価値」とは何か

理論・事例・政策

除本 理史【編著】
立見 淳哉【編著】

山本 泰三　内田 奈芳美　松永 桂子　横田 宏樹
岩本 洋一　北川 亘太　林 美帆　佐無田 光　【著】

中央経済社

はしがき

　2024年4月，民間の有識者グループ「人口戦略会議」は『地方自治体「持続可能性」分析レポート』を公表した。これによれば，全国744（43％）の自治体で，2050年までに若年女性人口（20〜39歳）が半減し，最終的には消滅する可能性があるとされる。若年人口がすでに急減しており，このままではさらに深刻化することから，政府も「異次元の少子化対策」を掲げざるをえなくなっている。

　他方，地方に移住し，地域と関わって暮らすことを選択する若い人たちも増えてきた。移住する「定住人口」には至らないが，観光にくる「交流人口」よりは深く地域に関わる「関係人口」という概念も提出されている。

　地域と関わることを志向したり，地方移住を選択したりするトレンドは，「ローカル志向」「田園回帰」などと呼ばれ注目されているが，その意義は，自然や景観，伝統，文化，コミュニティ（共同性）など，暮らしの豊かさを支える地域固有の要素を再評価しようとする点にある。現代の「地域おこし」や「まちづくり」は，この再評価によって，「地域の価値」（第1章参照）をつくろうとする運動である。

　これは本来，地域内発的な取り組みだが，「地域の価値」は企業サイドからみても利潤追求のフロンティアになっている。地域活性化のためには「地域の価値」をもとにビジネスを起こすことも必要だが，オーバーツーリズムのように過剰な「商品化」は問題を生じさせる。また，地域内経済循環を生み出すことで，経済余剰が域外に漏出するのを防がなくてはならない。より根本的には，「真正性」をめぐる緊張として論点化しうるような，「商品化」に対する戸惑いや疑念をどのように考えるのか，という問題もあろう。

　以上の観点から本書では，「地域の価値」の概念を理論的に掘り下げるとともに（第Ⅰ部），「地域の価値」をつくる各地の取り組み事例をつぶさに検討し（第Ⅱ部），そこから見えてくる課題に対処しつつ，地域を豊かにしていくための政策論を提示したい（第Ⅲ部）。

　本書は，「地域おこし」「まちづくり」の手っ取り早いノウハウ本ではない。

i

多くの困難を抱えるだけでなく，様々な立場や利害関心をもつ人々からなる地域を，そう簡単に「活性化」することなどできないのは明らかである。むしろ，その難しさを直視したうえで，住民，行政，企業／ビジネスパーソンなど地域に関わる諸主体が，時に葛藤し，時に楽しみながら相互作用をくりかえし，「地域の価値」をつくりあげていくプロセスに希望を見出したい（その具体的な姿は，本書を通じて，とくに第Ⅱ部において明らかにされよう）。

　なお，「あとがき」でも述べるように，本書は複数の研究グループに来歴をもっている。「地域の価値」の概念については，執筆者の間で議論を重ね，理論的な精緻化を進めてきた。本書では，その到達点を共通理解としながらも，多様な現実を取り扱っていることなどによる執筆者間の違いもある。「地域の価値」の定義を完全に統一し固定化するのではなく，むしろ議論を開いておくことで，今後の可能性を広げたいと考えたためである。本書を手に取られる皆様には，この点をご理解いただければ幸いである。

2024年10月

編　著　者

目　次

はしがき　i

第Ⅰ部　現代資本主義と「地域の価値」

第1章　「地域の価値」が今なぜ注目されるのか
──現代資本主義における価値生産の変容を踏まえて ……… 3

　1　現代資本主義の変化と特質　3

　2　現代資本主義の暴力性とそれに対する批判　8

　3　「地域の価値」とは何か　11

第2章　商品の価値づけをめぐる論点
──慣行と配置にもとづく規制，および利潤のレント化 … 19

　1　現代の資本主義と価値の多元性　19

　2　価値から価値づけへ　21

　3　質の慣行　23

　4　質的規定と価値づけの権力　24

　5　社会的-技術的配置と計算　26

　6　利潤のレント化　29

　7　おわりに　31

第3章　「地域の価値」を構成する要素としての
オーセンティシティとその解釈 ………………… 35

　1　「オーセンティシティ」とは何か　35

2　オーセンティシティ論の拡がり　36

　3　「地域の価値」としてのオーセンティシティに関する論点
　　　39

　4　都市空間のオーセンティシティと「地域の価値」　42

　5　「地域の価値」を構成する要素としてのオーセンティシティ
　　　50

第4章　生産から消費・文化への変容にみる「地域の価値」……………………………………… 53

　1　生産から消費・文化へ　53

　2　『柔らかい個人主義の誕生』にみる消費社会　54

　3　京都・西陣にみる産業・生活・文化の変容　57

　4　生活的景観の価値　63

第Ⅱ部　「地域の価値」をどうつくるか

第5章　地域の木の価値づけを通した家具産地社会の再構成 ……………………………………… 69

　1　はじめに　69

　2　家具産地における地域の木の再配置　70

　3　家具産地・静岡における地域の木の活用の取り組み　74

　4　地場産業産地の形成に向けた社会的仕掛けとしての地域の木の価値づけ　81

　5　おわりに——産地社会の形成に向けて　83

目　次

第6章　地域の持続的発展と真正性の装置としての映画館
——「日田シネマテーク・リベルテ」（大分県日田市）を事例として …………………………………………………… 87

1　はじめに　87
2　なぜ，まちの書店や映画館なのか——真正性の装置としての3つの機能　89
3　真正性の装置と「感情的なつながり」のコミュニティ　90
4　おわりに　105

第7章　地域の人びとと関わり合う
——フリーランスの共同体の一生と遺産 ………………… 107

1　はじめに　107
2　分析のための概念　108
3　観察にいたるまでの経緯　111
4　境界領域の形成　112
5　運営者たちの衝突と解決　117
6　ながぼ荘の青春，その後　122

第8章　公害地域の価値をつくる
——熊本県水俣市および岡山県倉敷市水島地区の事例から ………………………………………………………… 127

1　公害経験の継承を通じた地域再生　127
2　水俣病の学びが「地域の価値」をつくる　129
3　水島における公害経験の継承と協働のまちづくり　134

第Ⅲ部 「地域の価値」の政策論

第9章 「地域の価値」の地域政策論 143

1 はじめに──本章の課題　143
2 「地域の価値」の経済システム　144
3 オーセンティシティと地域的制度　152
4 現代の内発的発展と地域的制度　156

第10章 現代地域発展論
──社会連帯経済から「地域の価値」へ 163

1 本章の課題　163
2 資本主義の発展と地域──「資本主義の精神」の視点から　165
3 新しい地域発展理論──連帯経済　170
4 連帯経済の実例──フランスにおける政策形成　176
5 連帯経済から「地域の価値」へ　179

あとがき　185

索　引　187

第 I 部

現代資本主義と「地域の価値」

第 **1** 章

「地域の価値」が今なぜ
注目されるのか
──現代資本主義における価値生産の変容を踏まえて

1 現代資本主義の変化と特質

1.1 資本主義の構造変化──批判の体制内回収と新たな矛盾の生成

　現代資本主義の特徴は，資本蓄積の過程において，物質的な生産・消費が後景に退くと同時に，非物質的な生産・消費の重要性が増大しているという点にある。これは「ポスト工業化」の延長線上にあるが（諸富，2016），とりわけ1990年代以降，人々のコミュニケーションを通じた知識や情動の生産・消費が価値生産の主軸になりつつある。そこでは，消費者が受け身でなく，価値生産に能動的に参加する。つまり，生産と消費を区別する意味が薄れ，両者はむしろ一体化する傾向がある。こうした資本主義の変化は「認知資本主義」（cognitive capitalism）と呼ばれる（山本編，2016）。

　資本主義の構造変化は，批判を取り込んで回収しようとする資本の運動の結果として生じる。資本主義体制が生み出す矛盾は，人々の価値観や倫理と，経済活動とのずれを生じさせ，資本主義に対する疑問視と批判を引き起こす。批判は，社会運動の形態をとることもあれば，オルタナティブな（たとえば環境配慮型の）商品に対するニーズ増大のような形をとることもある。資本の側は体制維持と調和しうる範囲内で，批判を構造改革の中に取り込み回収していく。

第Ⅰ部 現代資本主義と「地域の価値」

これは，批判の中に見られる新たな価値観を資本が部分的に取り込み内生化しようとすることを意味するから，その結果，資本主義は「新たな精神」（何を「共通善」とするかという意味で倫理的基礎ともいえる）をもつに至る（ボルタンスキー，シャペロ，2013）。

資本主義体制は，①19世紀末大不況〜第二次世界大戦，②20世紀末大不況〜現在を大きな2つの画期（移行期）として，歴史的に構造変化をとげてきた。第1の移行期を経て第二次世界大戦後に本格的に成立したのが，福祉国家体制である。第二次世界大戦後の先進資本主義国では，労働生産性の上昇と国内消費の増大がバランスすることで長期の経済成長がもたらされた。これは「フォード主義的蓄積体制」などと呼ばれる。

第2の移行期は，フォード主義下の労働編成と大量生産・大量消費に対する批判の高まりによって生み出された。画一的な商品の大量生産によって不足を満たすというフォード主義の戦略は，生産拡大が一定水準に達すると，消費者のニーズと衝突しはじめる。物的消費が飽和状態に達したことで経済の好循環が行き詰まるとともに，人々の価値観やニーズが大きく変化したのである。画一性，硬直性に対する批判が沸き起こり，人々は個性，差異性，商業化されていない「真正性」（オーセンティシティ，本物性）を希求するようになった。

価値観やニーズの変化は，単に需要曲線のシフトをもたらすというだけでなく，前述のように，体制批判として企業や政府の対応を誘発し，資本主義の構造変化を引き起こす要因にもなる。ただし，批判の体制内回収は，矛盾を緩和すると同時に，新たな形態の矛盾をも生み出す。

1.2 「認知資本主義」における価値生産

第2の移行期にある現在，資本主義体制はどのような方向に向かって進んでいるのか。「サービス経済化」「ポスト工業化」を経て，1990年代以降，「認知資本主義」と呼ばれる傾向が明らかになってきた（山本編，2016）。

「認知資本主義」における価値生産の特質は，それが商品の使用価値（質）をめぐる交渉過程と不可分だという点にある。商品に価値があるということは，交渉の結果，使用価値（質）が合意されたことを意味する（第2章）。ただし，この「合意」とは完全一致を意味しない。後述するように，妥協を含め「折り

合い」がついた状態をさすものとする。

　フォード主義体制における商品の使用価値は，基本的に機能や有用性であった（狭義の使用価値）。しかし「認知資本主義」においては，それにとどまらない商品の「差異」「意味」が重要な意味をもつようになった（広義の使用価値）。前述のようにフォード主義への批判は，個性・差異性・真正性への希求としてあらわれたが，この批判を回収する手段として，狭義の使用価値ではなく「差異」「意味」の生産・消費，そこから得られる知識や情動に焦点があてられるようになったのである。この傾向を，非物質的な生産・消費の前面化と呼ぶことができる。

　商品の「差異」「意味」は，機能や有用性だけでなく，作り手や来歴などの情報を含む。その情報自体は人々の主観から独立して「客観的」に存在するが，売り手が何を重視して伝え，買い手がどの情報に価値を認めるかは，それぞれの判断に依存する。

　売り手と買い手の交渉では，それぞれが自らの基準に基づいて，商品価格の判断を正当化しようとする。商品の売買は，表面的には価格が合意されることにより成立するが，内実としては，商品の質（したがって価値）が合意されたのである。商品の取引は，複数の価値基準がせめぎあう中で妥協を模索し，あるいは何らかの価値基準がヘゲモニーを握るといった形で，最終的に一定の合意点が生み出されるきわめて政治的な過程である。

　したがって，商品の価値実体が先にあり，現象形態として価格があるのではなく，"value after price" といわれるように（Boltanski and Esquerre, 2020, p.73），価格の正当化をめぐるコミュニケーションの結果として価値が構築される（＝商品の質が合意される）というべきである。このような商品価値の社会的構築プロセスは「価値づけ」（valuation）と呼ばれる（第2章）。

1.3　価値基準の複数性

　前述のように，商品の「差異」「意味」を構成する情報のうち，売り手と買い手が何に価値を認めるかは，それぞれの判断基準に依存する。何を価値あるものと見なすかについての判断基準という意味で，本章ではこれを価値基準と呼んでおこう（第2章で「質の慣行」＝コンヴァンシオンと呼ばれているもの

第Ⅰ部　現代資本主義と「地域の価値」

図表１−１◆価値づけの諸形態（forms of valuation）

		商品の説明様式	
		分析的（analytic）	叙述／物語的（narrative）
時間にともなう価格の変化	低下	標準形態（standard form）	トレンド形態（trend form）
	上昇	資産形態（asset form）	コレクション形態（collection form）

出所：Boltanski and Esquerre（2020）p.107より作成（原著より訳出した立見，2019，192頁，表８−２を参照）。

と同義と考えてよい）。

　価値基準には，様々なものがありうる。商品の価値基準が多次元化する傾向は，フォード主義体制に対して批判が高まった1960年代後半以降，次第に明確になってきた（Boltanski and Esquerre, 2020）。フォード主義のもとで大量生産されてきた商品の特徴は，①その使用価値（質）が定量的なデータで説明可能であり，②時間の経過にしたがって使用価値が劣化する（したがって価格が低下する）ことである。①は，商品の説明様式という軸であり，②は，時間にともなう商品価格の変化に関する軸である。これら２つの軸を組み合わせると，商品の価値基準（とそれに基づく価値づけ）は４つの形態（form）に分類することができる（図表１−１）。

　このうち標準形態は，上記の通り，フォード主義のもとで支配的であった価値づけの形態である。しかし，フォード主義体制が終焉を迎えるとともに，資本は活動領域を他の３つの形態に拡大していった。

　資産形態においては，標準形態とは対照的に，時間の経過にともなって価格が上昇することが期待されている。不動産などのように，転売によって利潤を得ることが可能な対象（すなわち資産）は，将来における価格上昇の根拠が（分析的な説明様式によって）明確なほど，その価値評価が高まるのである。

　トレンド形態とコレクション形態は，商品の説明様式が，定量的なデータよりも叙述／物語（narrative）に依拠するという点が共通する。ここでは，商品の背景（作成者や所有者などの人物，あるいは出来事などとの関係性）が価値の根拠となる。ただし，トレンド形態では，商品の背景説明が「現在」と結びついており，したがって芸能人が実際に着ていた衣装のように，時間の経過

第1章　「地域の価値」が今なぜ注目されるのか

にともなって価格が低下する。

　これに対し，コレクション形態では，商品の背景説明が「過去」と結びついているため，時間の経過にともなって価格が上昇する。歴史上の人物の遺品などがその例である。また単体のモノだけではなく，複数のモノを収集して，それらの間の関係性や文脈を創出することによっても価値が生まれる。時代をさかのぼれば，柳宗悦による「民藝」という価値体系の創出をこの好例と見なすことができる（暮沢，2021，29-50頁；立見，2019，196-198頁）。

　コレクション形態の価値づけに成功した例として，デザイナーのナガオカケンメイが2000年に創設した，家具などのリサイクルショップ「D&DEPARTMENT PROJECT」が挙げられる（立見，2019，199-200頁）。そのコンセプトは「ロングライフデザイン」であり，これは時間の経過が証明した息の長いデザインを「正しい」と考えるという意味である。この背景には，当時ナガオカが「新商品が出るサイクルが異常に速い」ことに大きな疑問を感じたという事情がある（ナガオカ，2013，8頁）。

　もちろん中古品なら何でもいいというわけではなく，「正しい」「いいもの」を選別しなくてはならず，「民藝」と同様の目利きが必要になる。しかし，その基準をマニュアル化してスタッフに共有することは不可能であったため，ナガオカは「根本的な考え方」を身につけるために勉強会を始めた（ナガオカ，2013，32頁）。これが顧客にも公開されるようになり，「学べる」ことが最も重要な付加価値と考えられるようになった。

　この事例は次のように解釈しうる。すなわち，経営者・スタッフ・顧客などからなる学習のコミュニティが形成され，そこで「正しい」「いいもの」とは何を意味するかが共有されるとともに，知識や情動が共同生産される。これはまた，「正しい」「いいもの」を判断し選別する価値基準が，スタッフや顧客に共有されていく（その結果として商品の売買が成立する）ことでもある。

　なおここで，価値基準は上記の4つに限られるわけではないことに注意を促しておきたい。後述するように，環境保全や人権などに関わる価値基準も存在するし，また，複数の価値基準が対立し合うだけでなく，妥協的に組み合わされる場合もある（ボルタンスキー，テヴノー，2007，340-359頁）。

　重要なのは，同一の事物であっても，異なる価値基準が適用されれば，価格

7

第Ⅰ部　現代資本主義と「地域の価値」

の評価が変わるということである。たとえば，ナガオカの見出す「いいもの」は，標準形態では単なる中古品である。また同様に，芸能人の衣装は標準形態では古着にすぎないが，トレンド形態では高価格となりうる。転売して儲ける見込みがあれば，資産形態でも高価格となるであろう。ただしトレンド形態と資産形態では，高価格がつけられる根拠が異なっているのである。

2 ｜ 現代資本主義の暴力性とそれに対する批判

2.1　コモンの収奪と利潤のレント化

　個性・差異性・真正性への希求という批判を，資本主義が商品の「差異」「意味」を通じて回収しようとするとき，どのような矛盾が新たに生起するであろうか。

　商品の価値は「差異」「意味」をめぐるコミュニケーションを通じて間主観的に構築される。だが本来，コミュニケーションを通じた知識や情動の共同生産は，人間の超歴史的な営みであり，資本主義以前から行われてきた。それは「直接的生産過程の外部」で行われるから，「資本はその価値を部分的にしか捕獲することができない」（ネグリ，ハート，2005，上・244頁）。こうした人々の共同・協働関係，および自然資源・環境などの人類の共同資産（コモンズ）をネグリらは「コモン」と呼んでいる（ネグリ，ハート，2012）。

　資本循環の内部に完全には取り込むことができないコモンを，あえて包摂しようとするところに，現代資本主義の根本的な矛盾がある。そして現代資本主義は，「資本の回転に内在しない資源」（＝資本主義の外部）からレントを得ることにますます依拠するようになっている（メッザードラ，ニールソン，2021，16頁；山本，2021）。

　典型的な例として，現代の知的労働において顕著なように，個々人の社会的生そのものが価値増殖過程に取り込まれ，資本に「制圧」されてしまう状況がある（山本編，2016，6頁）。これは人間存在の商品化ともいえ，奴隷制などと同様に暴力的である。奴隷売買についてグレーバーが述べたように，人間を商品化する暴力の役割は，その人を社会的・歴史的文脈から切り離し，個々人がもつ固有の価値を喪失させてしまうことにある（グレーバー，2016，247頁）。

第1章 「地域の価値」が今なぜ注目されるのか

この議論は，資本がコモンの一部をその本来の場所や文脈から切り離すことで収奪するという，より広い意味での暴力へと応用しうる（除本，2022）。たとえば自然資源の採取は，生態系の中で一定の位置を占めていた生物種をそこからはぎとって商品化する行為等々であり，暴力的な環境破壊をともなう。現代資本主義のもつこのような暴力性は，必然的に告発や批判を招くことになる（ボルタンスキー，シャペロ，2013，下・246-247頁）。

2.2 環境・人権をめぐる倫理的批判とポスト資本主義

企業活動はこうした批判に応えて，自らの正当性を主張しなくてはならない。現代の企業は，様々な倫理的価値をその活動の中に取り込むことを余儀なくされる。

2000年7月に発足した国連グローバル・コンパクトの定める10原則や，2015年9月の国連サミットで採択された「持続可能な開発目標」（SDGs：Sustainable Development Goals）の17ゴール・169ターゲットなどは，そうした倫理的価値のリストの例だといえる。前者の国連グローバル・コンパクトは，「人権」「労働」「環境」「腐敗防止」の4分野・10原則について，企業や団体がその遵守を約束し，国連に報告する仕組みである。

10原則は次の通りである。

①「人権」分野：

企業は，「国際的に宣言されている人権の保護を支持，尊重し」（原則1），「自らが人権侵害に加担しないよう確保すべきである」（原則2）。

②「労働」分野：

企業は，「結社の自由と団体交渉の実効的な承認を支持し」（原則3），「あらゆる形態の強制労働の撤廃を支持し」（原則4），「児童労働の実効的な廃止を支持し」（原則5），「雇用と職業における差別の撤廃を支持すべきである」（原則6）。

③「環境」分野：

企業は，「環境上の課題に対する予防原則的アプローチを支持し」（原則7），「環境に関するより大きな責任を率先して引き受け」（原則8），「環境にやさしい技術の開発と普及を奨励すべきである」（原則9）。

9

第Ⅰ部　現代資本主義と「地域の価値」

④「腐敗防止」分野：

企業は，「強要と贈収賄を含むあらゆる形態の腐敗の防止に取り組むべきである」（原則10）。

現代において企業価値を正当化するためには，こうした枠組みに参加することがきわめて重要である。ESG（環境，社会，企業統治）投資は，この流れを加速している。そして，NGOなどの市民社会が企業の行動を厳しくチェックしていく取り組みの意義も，一層高まっている。

山本泰三は，このトレンドの両面性について次のように述べる。「気候危機への警鐘は，急速に金融市場におけるグリーン投資・ESG投資の活発化へと翻訳された。一方で，環境への配慮が表面的なものにとどまる企業は『グリーン・ウォッシュ』だと手厳しく批判される」（山本，2021，214頁）。

ここで指摘されているのは，環境保全や人権などに関わる倫理的批判を，資本主義体制が回収できるか否かの境界線である。SDGsについても，経済成長の害悪から目をそらす「大衆のアヘンである」という見解（斎藤，2020）から，企業の変革を通じた「新たな革命のアプローチ」とする見方（小栗，2023）まで，大きな幅がある。いずれにしても，環境や人権をめぐる倫理的批判は，資本主義体制内に回収しきれるものではなく，ポスト資本主義に移行する原動力にもなりうるという点は強調しておきたい（除本・佐無田，2020，175-198頁）。

「ローカル志向」「田園回帰」といわれるように（松永，2015；筒井編，2021など），所属する企業・組織のしばりを超えて地域と関わろうとする暮らし方のトレンドが注目されるようになって久しいが，これもポスト資本主義の動向と重なり合っている。たとえば第7章で見るように，企業に雇われる生き方をやめ，地方に移住して主体的に生活を切り開いていこうとする人たちがあらわれている。これは，企業の行動原理である利潤追求では回収しきれない，暮らしの豊かさを希求する動きである（除本・佐無田，2020，5-12頁；立見，2020，120-124頁；松永，2023，186-187頁）。

3 「地域の価値」とは何か

3.1 コモンとしての地域と「地域の価値」

　地域という語は，小学校区のような身近な生活圏や，市町村・都道府県などの自治体をさしたり，あるいは「自由貿易地域」のように複数の国を含んで使われたりする場合もある。本章では，国内の地域——とくに身近な生活圏や，より広い範囲の自治体をさすものとして，この語を用いる。その場合の地域は，人々の共同の場であり，積み重ねられてきた歴史，伝統，文化や環境などを包摂する。したがって地域もコモンだといえる。

　現代では，コモンとしての地域が，非物質的生産・消費の「資源」となっており，企業もそこに照準をあわせている（佐無田，2024）。そのため，「地域」と「価値」の関係性が論点として浮上してきた。

　2014年に提起された「地方創生」政策などを背景に，多くの論者が「地域の価値」（「地域的価値」などの類似表現を含む）に言及するようになった。たとえば小田切徳美は，農山村における地域づくりの目的について，環境，文化，地域の絆（社会関係資本）などを「重要な地域的価値」と捉え直し，地域に新しい価値を「上乗せ」していくことだと説明している（小田切，2014，70-71頁）。また山﨑朗は，地域創生のカギが「地域の潜在的価値」の発見にあるとする（山﨑・鍋山編著，2018，12頁）。

　これより早い段階で「地域の価値」という表現を用いたのは，地域情報会議編著（1998）である。当時，第四次全国総合開発計画の総点検と国土政策の見直しがスタートしており，そこに深く関わった伊藤滋を会長として，1996年に地域情報会議（Local Intelligence Development Organization: LIDO）が設立された。

　同書の中で，都市計画家の田村明は次のように述べている。「地域情報とは，その地域が他の地域とは違うものを持っており，それを価値として発信できるということである」。つまり，地域の「個性」（他の地域との「違い」「差」）こそが「地域の価値」だといえる。それは新たに創出されることもあるが，あくまで地域の来歴に基づくべきであり，もともとあるものに新たな価値を見出し，

第Ⅰ部　現代資本主義と「地域の価値」

それを土台にして「創造」へと展開すべきである。地域の「個性」は，人々の
コミュニケーションを通じて強い「感動」を呼び起こすだろう（地域情報会議
編著，1998，32-35頁）。

　田村の議論は本章の「地域の価値」の定義ときわめて近い。地域の「個性」
として重視されるのは，歴史，文化，コミュニティ，景観・まちなみ，自然環
境といった「地域固有」とされる要素であろう。それらに基づいて，地域の
「差異」「意味」——地域の面白さや魅力，特質，地域の将来像（めざすべき価
値）など——が間主観的に構築される。

　「地域固有」の要素は，暮らしの豊かさを支えているが，当たり前すぎて住
民に認識されていない場合も多い。しかし「地域固有」の要素は，その意義が
認識されなければ「地域の価値」にはつながらない。ありふれていて身近な物
事の歴史的・文化的な背景を知り，そこに新しい意味や面白さを発見すること
が重要である。

　たとえば，古いまちなみは，見方によっては取り壊すべき対象だが，"レト
ロな雰囲気"などの「意味」を与えることで価値が生まれる。新しい建物をつ
くらなくてもリノベーションすればよいのである。

　もう１つ例を挙げれば，文化庁が認定する日本遺産の制度がある。これは，
地域に点在する文化財（甲冑，城郭，寺社・仏閣，遺跡，伝統芸能，等々）を
相互につなげて「面」としてストーリー化し，教育や観光などに活用すること
で，地域活性化を図ることを目的としている（金子，2020）。文化財の価値は
自明のように思われるが，日本遺産は，個々の文化財ではなく，複数の文化財
を相互に関連づけたストーリーや新たな意味の生産を奨励する政策である。こ
うして構築されたストーリーが地域の特質や魅力を形成し，教育や観光の資源
となるのである。

　以上を踏まえて「地域の価値」を次のように定義しておく（除本，2020，
2023b，2024）。商品の価値が「差異」「意味」をめぐる合意形成により間主観
的に構築されるのと同じく，①狭義の「地域の価値」は，社会的に構築される
地域・場所・空間の「差異」「意味」をさす（ここには，地域の特質，面白さ，
魅力，めざすべき価値や将来像などが含まれる）。また，②広義の「地域の価
値」は，①をもとにした後述の「商品化」や「再投資」など，コモンの維持・

12

第1章 「地域の価値」が今なぜ注目されるのか

管理・創出をめぐる一連のプロセスであり、第9章で「『地域の価値』のバリュー・チェーン」と呼ばれているものにほぼ等しい。②は①を包摂しており、「地域の価値」論の主な研究対象だといえる。

地域内の人々にとっては、「地域の価値」について共通理解に至れば、集団としてのまとまりが強くなる。歴史から何を引き継ぎ、どのような地域をめざすのかという「価値」の共有が、集団の凝集性を高めるのである（北川・黒澤，2022，35-36頁）。その際、前述した学習のコミュニティが重要な役割を果たす。

3.2 地域のオーセンティシティ

第3章で詳しく紹介されている通り、都市社会学者のズーキンは、ニューヨークを事例として、「地域の価値」が集合的な表象として構築されていくプロセスを描いた（ズーキン，2013）。彼女は地域に関する由来の「物語」をオーセンティシティ（真正性）と呼んだ。これは本章でいう狭義の「地域の価値」に含まれる（以下、商品化では回収しきれない本物性という意味で用いる場合は、漢字で真正性と表記し、「地域の価値」としてのオーセンティシティは、カタカナで表記する）。

たとえば、スラム街であったニューヨークのハーレム地区では、1990年代以降再開発が進んだが、こうした動きに先鞭をつけた人たちは、1920〜30年代のハーレム・ルネサンス（アフリカ系アメリカ人による文化運動）を参照して、ハーレムのオーセンティシティを再構築した。その言説が地域内・外の共感を呼ぶことによって、地域に関する集団的な表象をつくりあげる。

地域のオーセンティシティが不特定多数の人によって各種メディアやインターネットで発信され、社会的に流布していくことで、当該地域に人が集まり店舗進出や街区の再開発が進む。貧困地区にアーティストが集まることで、地域へのまなざしが変わりジェントリフィケーションが起きるように、新たな投資を呼び込み、住民の構成を変化させるなど、地域を変貌させることもある。再開発や店舗進出は、「地域の価値」を資本が利潤として、あるいは公共部門が税収等として捕獲しようとする試みである。

地域のオーセンティシティは、異なるルーツや経済的利害を背景として、多様に定義・主張される。広く支持され、受容される「物語」を構築すること、

13

第Ⅰ部　現代資本主義と「地域の価値」

そして自らの政治的・経済的利害をその中にたくみに織り込むことが，マイノリティの権利主張に力を与え，あるいはスモールビジネスの基盤を強固にするのである。

3.3　真正性と商品化の緊張関係

　前述した「地域固有」の要素は，歴史・過去と深く結びついている。したがって，「地域の価値」の商品化においては，コレクション形態の価値づけに適合的な領域が大きい（商品化とは，「地域の価値」をもとにした財やサービスにより貨幣的対価を獲得することをさす）。

　コレクション形態では，歴史と結びついた事物の真正性が重要な意味をもつ。しかし，真正性は「今・ここ」だけの固有性を含意し，商品として複製可能であることと矛盾する（ボルタンスキー，シャペロ，2013，下・205-211頁）。また，真正性を担保するのは，非営利の博物館や大学などの機関である。これらの機関による真正性の担保は，営利的意図がないからこそ説得性をもつ。にもかかわらず，それらの機関が真正性を保証すればするほど，資本による商品化の圧力も強まるという逆説的な関係も生じる（Boltanski and Esquerre, 2020, p.126）。

　真正性と商品化の間の緊張関係は，「地域の価値」に関しても見られる。ボルタンスキーが述べるように，場所の真正性を商品化しようとすると，そこから複製可能な特性だけを取り出すことになり，それが場所のもつ固有性を解体してしまうことになるからだ（ボルタンスキー，2011，54-55頁）。こうした場所の真正性の破壊も，場所の固有性の一部をはぎとって商品化するという点で，前述の意味での暴力性を帯びているといえる。

　コモンとしての地域が商品化されれば，貨幣的対価が得られる。しかし，得られた利益が地域外に流出してしまうと，コモンは消費されるだけである。したがって，地域外への流出を防ぎ，コモンの維持・管理・創出のために「再投資」される仕組みをつくらなくてはならない。そこで重要なのは，コモンを商品化するプロセスを，地域内のステークホルダーが主導することである。地域固有性を損なわない形で，資本の商品化作用を地域発展のためにコントロールしていくことが求められる（第9章）。そのためにも，前述のように「地域の

第 1 章　「地域の価値」が今なぜ注目されるのか

価値」の共有を図り，地域の凝集性を高めることが必要になるだろう。何を守るべきで，そこからどう経済的利益を得るか，地域の中でつねに問い直し，基準を設定していく努力を不断に続けることが大事である。

3.4　「困難な過去」から「地域の価値」へ

　「困難な過去（または歴史）」（difficult past/ history）も「地域の価値」を構成する。「困難な過去」とは，公害，災害，奴隷制，植民地支配，戦争など，複雑な加害―被害関係をはらみ，歴史解釈が分裂しやすい過去の事象のことである。それをめぐる複数の解釈のぶつかりあいは「意味をめぐる争い」（fights over meaning）ともいわれる（Cauvin, 2016, p.222; Gardner and Hamilton, 2017, p.11）。

　「困難な過去」は，人権や平和といった普遍的価値を，逆説的に（つまりそれらの侵害や破壊を通じて）提示している。その点に私たちが「困難な過去」を学ぶ意義があろう（除本，2023a）。第 8 章で述べるように熊本県水俣市では，水俣病という「困難な過去」を，学ぶべき教訓に満ちた地域の「個性」と捉え直すことから，地域再生の活動がスタートしている。

　こうした学びをもたらす遺構などは，しばしば「負の遺産（ヘリテージ）」と見なされる。「困難な過去」を忘却せず記憶しつづけるために，関係者は遺構を保存し，モニュメントやミュージアムを設置するなどの取り組みを行ってきた。また，ダークツーリズムといわれるように，それらの地を訪れる人も少なくない（井出，2018）。「困難な過去」が地域に関心を向けさせる要因になっているのである。

　ただし「困難な過去」は完全に過ぎ去った出来事ではなく，今も被害救済の課題が残り，あるいは問題が継続しているケースもある。そうした場合，「負の遺産（ヘリテージ）」という積極的な意味づけに対する（加害者だけでなく）被害者からの反発もありうる。

　「困難な過去」の意味づけは，単一の見解に収斂している必要はない。しかし，異なる意味づけが分断されたままであるということは，地域社会の分断を意味する。したがって，多視点性に基づく開かれた対話が継続されることが望ましい（除本，2023a，23頁）。過去の経緯を「水に流す」のではなく，地域の

第Ⅰ部　現代資本主義と「地域の価値」

主体がそれぞれの立場性を保持しながらも，相互に応答を続けることが必要である。それによって，私的な記憶は間主観的に連結され「公共化」されていく（野家，2016，167頁）。「困難な過去」を避けずに向き合うことが，分断の修復と「地域の価値」構築につながるのである。

　第8章で取り上げる水俣市や岡山県倉敷市水島地区では，公害という「困難な過去」に向き合い，公害学習とツーリズムを結びつけることで地域活性化を図る取り組みが進んでいる。水俣は化学企業の城下町であり，水島には鉄鋼・石油化学などのコンビナートが立地する。これらの工業都市で，どのようにして新たな「地域の価値」を内発的に構築していけるか。両地域の挑戦は，日本における今後の地域発展を占うものとして注目すべきである。

◆参考文献

井出明（2018）『ダークツーリズム―悲しみの記憶を巡る旅』幻冬舎新書。

小栗崇資（2023）『社会・企業の変革とSDGs―マルクスの視点から考える』学習の友社。

小田切徳美（2014）『農山村は消滅しない』岩波新書。

金子淳（2020）「博物館を取り巻く『物語性』をめぐって―『観光立国』政策と日本遺産を中心に」『桜美林論考　人文研究』第11号，80-96頁。

北川亘太・黒澤悠（2022）「コンヴァンシオナリストの構成的研究と倫理的役割」『季刊経済研究』第40巻第1-4号，22-47頁。

暮沢剛巳（2021）『拡張するキュレーション―価値を生み出す技術』集英社新書。

グレーバー，D.（2016）『負債論―貨幣と暴力の5000年』（酒井隆史監訳）以文社。

斎藤幸平（2020）『人新世の「資本論」』集英社新書。

佐無田光（2020）「『地域の価値』の地域政策論試論」『地域経済学研究』第38号，43-59頁。

佐無田光（2024）「『企業の地域学』の展開をどう見るか」宮町良広・田原裕子・小林知・井口梓・小長谷有紀編『地域学―地域を可視化し，地域を創る』古今書院，190-201頁。

ズーキン，S.（2013）『都市はなぜ魂を失ったか―ジェイコブズ後のニューヨーク論』（内田奈芳美・真野洋介訳）講談社。

立見淳哉（2019）『産業集積と制度の地理学―経済調整と価値づけの装置を考える』ナカニシヤ出版。

立見淳哉（2020）「資本主義，連帯経済，そして『田園回帰』―『資本主義の新たな精神』を縦糸として」『iichiko』第147号，110-127頁。

地域情報会議編著（1998）『地域の価値を創る―発展への戦略』時事通信社。

筒井一伸編（2021）『田園回帰がひらく新しい都市農山村関係―現場から理論まで』ナカニシヤ出版。

ナガオカケンメイ（2013）『D&DEPARTMENTに学んだ，人が集まる「伝える店」のつくり方―学びながら買い，学びながら食べる店』美術出版社。

ネグリ，A.，M.ハート（2005）『マルチチュード―〈帝国〉時代の戦争と民主主義（上・下）』

（幾島幸子訳）NHKブックス。

ネグリ，A.，M.ハート（2012）『コモンウェルス―〈帝国〉を超える革命論（上・下）』（幾島幸子・古賀祥子訳）NHKブックス。

野家啓一（2016）『歴史を哲学する―七日間の集中講義』岩波現代文庫。

ボルタンスキー，L.（2011）『偉大さのエコノミーと愛』（三浦直希訳）文化科学高等研究院出版局。

ボルタンスキー，L.，È.シャペロ（2013）『資本主義の新たな精神（上・下）』（三浦直希ほか訳）ナカニシヤ出版。

ボルタンスキー，L.，L.テヴノー（2007）『正当化の理論―偉大さのエコノミー』（三浦直希訳）新曜社。

松永桂子（2015）『ローカル志向の時代―働き方，産業，経済を考えるヒント』光文社新書。

松永桂子（2023）『地域経済のリデザイン―生活者視点から捉えなおす』学芸出版社。

メッザードラ，S.，B.ニールソン（2021）「多数多様な採取フロンティア―現代資本主義を掘り起こす」（箱田徹訳）『思想』第1162号，12-31頁。

諸富徹（2016）「資本主義経済の非物質主義的転回」諸富徹編『資本主義経済システムの展望』岩波書店，285-311頁。

山﨑朗・鍋山徹編著（2018）『地域創生のプレミアム（付加価値）戦略―稼ぐ力で上質なマーケットをつくり出す』中央経済社。

山本泰三（2021）「価値づけと利潤のレント化―現代資本主義への視角」『経済地理学年報』第67巻第4号，213-222頁。

山本泰三編（2016）『認知資本主義―21世紀のポリティカル・エコノミー』ナカニシヤ出版。

除本理史（2020）「現代資本主義と『地域の価値』―水俣の地域再生を事例として」『地域経済学研究』第38号，1-16頁。

除本理史（2022）「現代資本主義における価値づけの諸形態と倫理的価値―公害地域の再生を事例として」『季刊経済研究』第40巻第1-4号，3-21頁。

除本理史（2023a）「『困難な過去』から『地域の価値』へ―水俣，倉敷・水島の事例から考える」清水万由子・林美帆・除本理史編『公害の経験を未来につなぐ―教育・フォーラム・アーカイブズを通した公害資料館の挑戦』ナカニシヤ出版，19-36頁。

除本理史（2023b）「現代資本主義における『地域の価値』とは」『地域開発』第647号，50-53頁。

除本理史（2024）「現代資本主義と『地域の価値』再論」『経営研究』第75巻第1号，1-16頁。

除本理史・佐無田光（2020）『きみのまちに未来はあるか？―「根っこ」から地域をつくる』岩波ジュニア新書。

Boltanski, L. and A. Esquerre（2020）*Enrichment: A Critique of Commodities*, Polity Press.

Cauvin, T.（2016）*Public History: A Textbook of Practice*, Routledge.

Gardner, J.B. and P. Hamilton（2017）"The Past and Future of Public History: Developments and Challenges", in J.B. Gardner and P. Hamilton, eds., *The Oxford Handbook of Public History*, Oxford University Press, pp.1-22.

（除本　理史）

第 **2** 章

商品の価値づけをめぐる論点
──慣行と配置にもとづく機制，および利潤のレント化

　近年，「価値づけ」という視角から社会経済過程を分析する，分野横断的なアプローチが展開されている。この価値づけ研究（valuation studies）は，その多くは事例分析を主とした経験的研究であるが，コンヴァンシオン経済学およびアクター・ネットワーク理論（ANT）[1] の枠組みが理論的背景となっていることが特徴の1つといってよい。本章では，これまでの検討（山本，2019, 2021, 2023a；立見・山本，2022）にもとづき，コンヴァンシオン派における慣行の概念やANTにおける配置および計算の概念を導入することによって商品の価値づけの機制をスケッチする。

1 ┃ 現代の資本主義と価値の多元性

　現代資本主義をどのように捉えるかについてはさまざまな立場がありうるが，認知資本主義論（フマガッリ，メッザードラ，2010；山本編，2016ほか）の観点でいえば，資本蓄積における非物質的なもの（知識，関係性，文化資源など）≒無形資産の意義の増大こそが今日を特徴づける。非物質的なものは機械

---

1)　コンヴァンシオン派とANTの概要については以下を参照。バティフリエ（2006），ベッシー，ファヴロー（2011-2012），エイマール-デュヴルネ（2006），ラトゥール（1999, 2019），須田（2004, 2005, 2008），立見（2019）。

第Ⅰ部　現代資本主義と「地域の価値」

設備のようには所有できず，むしろ共有されることによって実在する「コモン」であり，現代の資本にとってはこれをいかに制御し取り込むのかが課題となる。ここには，無形資産を資本としていかにカウントするか，その価値をどのように評価するのかという問題がつきまとう。

「新しい価値」が生み出されなければならない，それがイノベーションなのだ，と企業自身が口をそろえる。あるいは，いわゆる企業価値を考える場合，何をどこまで勘定に入れるべきなのか。多数のユーザーの参加によって創出されるネットワーク効果を算入しないなら，ウーバー（Uber）の価値は25分の1になるという（パーカーほか，2016）——もちろんユーザーは企業の所有物ではないはずなのだが。そして今や企業のブランド価値は，脱炭素への取り組み，人権問題に対する姿勢のアピールを抜きには語れない。この状況は，世界同時的な若者らの反乱などが資本主義を動揺させその変容を方向づけた「1968年」の精神と深くかかわる運動や思想の延長線上にある。ニュージーランド大使館は，自国産のラムはCO$_2$排出量が世界で最も少ないのだと広報する[2]。「持続可能な育成環境」によってラム肉の価値が生み出され，その価値を伝える情報がソーシャルメディアで発信される。消費者がそれを商品価値として認めることを予期するからである。

このようなビジネス界の言説には，やや混乱が見られるだろう。価値という言葉がそこで何らかの一貫した意味を持ちえているのかどうかは定かではない。しかしながら，これをたんに虚妄と退けて価値の真の本質を対置してみせても，あまり意味はないように思われる。価値をめぐる混乱は，数多くの主体が実際にそこに巻き込まれている事態なのだから。価値の多元性，そして価値が価値として生み出され認められるかどうかのプロセスは，現実の問題である。このような状況のもとで価値づけ研究[3]と称されるアプローチが注目されるようになることは，ごく自然な流れかもしれない。

---

2)　https://twitter.com/DiscoverNZ_JP/status/1567120433601777666（2022年9月6日）
3)　価値づけ研究の展開については，不十分ではあるが山本（2023a）を参照。なお『経済地理学年報』第67巻第4号の特集では主要な論点が出そろっている。川端（2021），市川（2021），竹中（2021），大会実行委員会（2021）を参照。

2 価値から価値づけへ

　価値づけというテーマがもっぱら現代の特殊な事象を扱うものとみることは当然可能であり，むしろそれは妥当な位置づけであろう。一方で，コンヴァンシオン派やANTの論者たちの言葉の端々には，価値や市場という問題そのものを捉え直そうとする企図が散見される。価値づけ研究にはこのような理論的含意があると本章では解釈し，以下でその素描を試みる。ただしここでは，基本的には商品の価値が焦点となる。

　ひとまず経済理論から離れて一般的な語意を考えてみるならば，価値とは，「判断されるもの」（オルレアン，2013）であるといってよい。判断は，主体がなすという意味で主観的であるが，同時にそれは客観的でなければ「価値」として認められることはないだろう。また，価値は何らかの事物・事象／対象の性質であるから，個人の心理あるいは間主観性がその内部に創造したものに尽きるわけではない。とはいえ，物体がただそこにあることと「価値がある」ことは異なる。価値および価値があるとされるもの・ことは所与ではなく，構築されるものであり，その過程をここでは価値づけ（valuation）と呼ぶことにしたい。価値は価値づけの所産であるとすれば，その具体的な過程と無関係に価値の実体があらかじめ存在するわけではない。価値づけする主体，価値づけされる客体，および価値づけがなされる実際の状況や文脈，これらのいずれを欠いても価値は生み出されない（Heinich, 2020）。そしてこの主体の判断が客観的なものになるためには，価値づけが集合的な活動であり，かつ個々の主体を超えて存在する基準がそれなりの程度で共有されている必要がある。複数の主体が特定の事物について同一の基準にもとづいて判断を行うならば，たとえそれらの評価は一致せずとも，同一の価値について判断がなされたといえるだろう。そして，この基準がただ一つである理由もない。

　ここで，コンヴァンシオン派の記念碑的著作である『正当化の理論』（ボルタンスキー，テヴノー，2007）で提示されたシテ（cité）の概念がいかなるものであったかを確認しよう。シテ，あるいは共通の上位原則とは，人々の間で共有される規範のモデルである。それは，主体が実際の状況の中でものごとの

第Ⅰ部　現代資本主義と「地域の価値」

評価や判断を行う際に参照される基準である。スミス，ルソー，ホッブス，アウグスティヌスなどといった政治哲学的な古典にもとづいて，複数のシテが識別・分類されるのだが，この分類によって企業の幹部向けマニュアルの資料体からそれぞれのシテの標本が抽出されている。すでにみたように企業価値は，狭義の経済的な基準だけで評価されているわけではない。価値とは，諸価値である。

　以上をふまえつつ価値づけの基本的な契機をまとめるとすれば，以下の３点になるだろう（山本，2021）。①価値とは価値づけの作業の結果であるが，その作業は，一般的に共有される基準を具体的状況において引照し，解釈し，利用してなされる実践である[4]。②複数の価値基準が存在する（それらは，対立することも，妥協的に組み合わされることもありうる）。③経済的価値と社会的諸価値という従来の社会科学における分断は棄却される。ここに，もう１つ付け加えるべき重要な点がある。ベッシー，ショーヴァン（2018）が注意を促すように，価値の生産と価値の評価は複雑に絡まった連関のプロセスであり，それこそが価値づけである[5]。工場での製造も価値づけのプロセスをなす。価値づけは，すでに存在する財を需要側が己れの選好表と照らし合わせることに還元されない（むしろ，選好の形成にかかわる非個人的次元が分析されなければならない）。

---

[4]　ANTおよびコンヴァンシオン派の「プラグマティック」な性格についてはMuniesa（2014），Heinich（2020）を参照。ここでいうプラグマティックあるいはプラグマティズムという語法はわかりやすいとはいえないが，状況における判断，行為，過程を重視する方法論を指すものと考えられる。それは，たとえば言語の研究において，語の意味や文法の構造を対象とする分野（意味論，統語論）のほかに，実際の文脈における発話や記号の使用を分析するアプローチがある（語用論 pragmatics）ことと類比的であろう。Muniesa（2014）は，実在性を効果として，意味を行為として捉えることとして，プラグマティズムを要約している。“価値”から“価値づけ”へと問題設定をシフトすること，価値づけというプロセス・活動を問うことは，このような意味でまさにプラグマティックだといえる。

[5]　ゆえに本章では，valuationを「価値評価」ではなく「価値づけ」と訳す。ベッシーらは，価値づけ（valuation）は「evaluation」と「valorization」に区分できるが，これらは現実にはしばしば混合していると指摘する。

第2章 商品の価値づけをめぐる論点

3 | 質の慣行

　価値の基準とは，広い意味で制度であるが，ここでは慣行（convention）という概念をあてておこう。慣行は，コンヴァンシオン経済学においては集合的な表象として分析される。すなわち，一般に主体間で行為が相互に調整される必要があるとき，さまざまな水準の慣行が手がかりになっていると考えられる。標準的な経済理論では，情報の非対称性のもとでの市場取引においてこの問題がとりわけクリティカルに現れているとみることもできるだろう。アカロフが中古車市場を例にとって論じたいわゆる「レモンの問題」が示したのは，品質についての知りえる情報が市場のアクター間で一様ではない場合，価格情報の評価が困難になるため，市場取引が成り立たないケースがありえるということであった。そのうえでアカロフは，品質の不確実性を抑えるために保証書，系列店，免許などの制度が出現して市場の作動が可能になることを指摘する（Akerlof, 1970）。逆にいえば，市場に参加する主体が厳密に功利主義的な個人として，ただ価格と数量のみに反応する「パラメータ型合理性」にもとづき行動できるとすれば，それは「財の目録（ノマンクラチュール）仮説」――すべての財（商品）は完全に定義され，それぞれ品質は同質であり，かつそれらすべてが市場参加者全員の間で知られているという仮定――を前提としていたということになる（オルレアン，2013）。

　以上のような議論を踏み台としてコンヴァンシオン理論は，品質についての情報が共有されていなければならないということ，またそこにおける「質の慣行」の重要性を説く。質の慣行とは，意思決定や計算の基準となり相互行為を可能にする尺度となるものである[6]。ここで重要なのは，価値づけ過程の主要な側面の1つを"質"の構築として，質的規定（qualification）として捉えることである。オルレアンのいう，経済学における「価値の実体仮説」[7]とその

6）　これは，上位の基準であるという意味で，先述のシテと同様の概念である。

7）　オルレアンによれば，価値の実体仮説は，価値を商品に内在するものとみなし，ゆえに市場取引の基本を物々交換とみなし，相対価格として価値を捉えることになる。それは，現実の取引とそれが展開する仕方に対する軽視，および，貨幣を副次的なものとして扱う，という重大な瑕疵につながる。この論点については立見・山本（2022）を参照。

23

第Ⅰ部　現代資本主義と「地域の価値」

問題性は，質（これを「使用価値」としても理解しなければならない）の捨象
に由来すると考えられるからである。

4 ｜ 質的規定と価値づけの権力

　質的規定の概念は，規格や認証の問題との関わりにおいてコンヴァンシオン
派によって提示された。それは，質の慣行を参照しながら，財，人，組織，行
為，出来事などの事物・事象の質を定めることである（立見，2019）。その後
この概念は，ANTの代表的研究者であるM.カロンらによってややニュアンス
を変えて用いられている。Callon et al.（2002）において質的規定とは，商品・
サービスの企画，設計，製造，生産物の質のテストや改良，流通，マーケティ
ングや店舗レイアウト，そして消費者による評価などの諸過程をさす。また，
それらにおいて需要側と供給側（売り手と買い手，生産者と消費者）の交渉や
協働が顕著になることも十分ありうるだろう。これらの一連のプロセスによっ
て，財（商品）の特異性および他の財との類似性，すなわちその財の特性の布
置が確立される。商品の質は所与ではなく自明でもない。新製品の場合は当然
であるが，買い手はその質についての情報を入手しなければならず，売り手は
その情報を発信しなければならない（その過程自体が質的規定の一環をなす）。
既存の商品などでも，企業や消費者が商品の性質を再検討・再定義することは
十分ありうる。事物の質は，たんに事物に内在する属性なのではなく，純粋に
個人的な選好の対象でもない。それは集合的な過程によって構築される。

　カロンらは質の問題を俎上に載せるにあたり，チェンバレン（1966）の独占
的競争の概念を参照している。標準的な経済学の教科書における理論的なベン
チマークである完全競争の仮定では，需要・供給いずれの側も無数のアクター
が存在し，かつ商品の品質が同一である（均衡価格はその帰結である）。これ
に対して独占的競争においては，同カテゴリーの財でも供給者によって質の差
異がある。それゆえ価格は所与ではなくなり，バラつきが生まれる。商品の質
という問題の前景化は，「市場」についての理論的認識を少なからず左右する。

　ここまでみてきた「質」は，Thévenot（2015）をふまえるなら，古典的な
経済学の用語でいう使用価値の次元に相当する。経済的価値といえども，それ

第 2 章　商品の価値づけをめぐる論点

が「価値」であればこそ，価値として認められる過程を経なければならず，それは何らかの基準＝規範に依拠する。これは消費者ばかりでなく生産者・販売者にとっても同様である。商品の価値を生み出し，演出して，他者に認めさせなければならないのは，生産者や販売者なのだから。だとすれば，ある使用価値は，それに対応する特定の「質の慣行」に照らして解釈され判断されること，つまり質的規定によって成り立つということになる。それは，モノとしての商品のたんなる自然的属性ではない。また使用価値は，1つの商品につねに1つというわけではなく，多元的である。その基準，質の慣行が複数であることはいうまでもない。それは経済的価値の範囲に限定されず，非市場的な価値をも包含しうる。

　一方，価格とは商品の所有権の移動と引き換えに反対給付されるべき貨幣額なので，それを（商品1単位当たりの）交換価値と呼ぶことは適切であろう。それとともに，価格の慣行の次元が想定される。こうして，1つの商品をめぐっても価値の複数性が存在し——より精確だが冗長にいえば，複数の使用価値と1つの交換価値が併存し——，それらの間の緊張が問題となる。資本主義においてヘゲモニーを有する価値は，交換価値である。ゆえに資本主義のもとでの価値づけの過程においては，交換価値のタームで測られる剰余価値の追求という過程を1つの軸として，異質な価値の間の折衝・妥協や価値の変換・翻訳，そして正当化が試みられる。例えば雇用・労働問題においてみられるように，主体間の力関係が前面に現れる場合はとくに，価値づけをめぐって批判[8]（正当化の反転としての）がなされる可能性が高まる。

　価値づけの過程にはさまざまなアクターが関与する可能性があり，またそれはつねに価値の再創出であるだろう。とはいえ，それは無定形な変化の流れを意味しているのではなく，暫定的であるにせよ何らかの価値がプロセスの節目で固定されるのであり，かつそれは制度的フレームワークのもとでの，社会関係の作用の帰結である。そこには非対称な力の行使がある——すなわち，価値づけの権力（Eymard-Duvernay, 2016）である。「権力」という概念が否応なく必要となるのは，価値づけの過程においては複数の主体がそこに作用を及ぼ

---

8)　この「批判」概念との関わりで，ボルタンスキーらは「発言」の概念を提起したハーシュマン（2005）を高く評価している。

第Ⅰ部　現代資本主義と「地域の価値」

すが，これらの諸力は人々の間，諸装置の間で局所的に配分されており，決して均等ではないからである。

　巨大資本や公権力といったアクターが看過されえないのはいうまでもないが，ここでは少し異なる角度から価値づけの権力について考えておきたい。価値づけが諸契機の連鎖によってなされ，それゆえに個々の過程と過程をつなげること（たとえば需要と供給の仲介）に存しているのだとすれば，その結合を担う「媒介者」は特別な位置を占めているといってよい。市場媒介者に着目するベッシー・ショーヴァン（2018）によれば，その力は，取引費用の削減や自己のポジションの戦略的利用のみならず，価値づけフレームの制定をめぐる力，またそのフレームを用いる力なのである。

5 ｜ 社会的-技術的配置と計算

　ここまでの議論から，さらなる考察が要請されるだろう。とりわけ，所与の選好や費用構造にもとづく需給の一致という図式，一言でいえば「市場」という枠組みについての。カロン（2016-2017）は，標準的な経済学および経済社会学に共通する市場観を「厚みのないインターフェイス」と特徴づける。それは，事前に存在する需要と供給の集合という２つの「塊」の突き合わせとしてイメージされる。この「市場＝インターフェイス」観においては，需要と供給がいかに形成され出現するかは問われないし，市場で「出会う」ほかに両者の関係を想定することもできない。行為者に要求される過大な計算能力が問題となることは言わずもがなである。経済学はこの市場像をベンチマークとし，他方で経済社会学や人類学はこのような市場が作用する余地をできるだけ小さく見積もるが，市場そのものの表象は両者において同一である。

　市場＝インターフェイスという像をいったん認めると，市場に関わる具体的なプロセス，実践，調整を明らかにすることは困難になる。それは，誰もが使うがその中身については無視する「ブラックボックス」のようなものになってしまっている。カロンが目指すのは，市場というブラックボックスをこじ開け，さまざまな手続き，交渉，媒介，装置などからなるフレーミングの組み合わせ，配置（agencement）として分析することである。また配置という概念は物質

第2章　商品の価値づけをめぐる論点

性を重視するので，本来なら市場という言葉が含意していた（しかし典型的な市場概念からは失われていた）地理的な空間性を取り扱うことができると考えられる。

　ここでカロンの研究を導入することにはもう1つの意味がある。コンヴァンシオン派にもとづく議論は，ややもすれば人間主体の規範的判断能力や間主観性を特権化するものにみえる恐れがある。それゆえに，人間と非・人間との間のアプリオリな断絶を前提せず，市場の物質的構成要素を真剣に考慮すべきであると説くANTのアプローチが必要になる。たとえば，カロン，ミュニエーザ（2017）によって展開された「計算」概念の検討は，質的規定／価値づけが遂行される際の計算能力が分析されなければならないことを示しているといえる。ここでいう計算は狭義の算術的操作の実行だけを意味するのではなく，判断すること・評価することと分離されない。ゆえに市場での価値づけは計算実践でもあるのだが，計算はホモ・エコノミクスとしての個人の計算能力のみにもとづくのではない。計算する力としての認知能力は，市場＝インターフェイス観の場合は行為者の内部（もっとも極端な場合は，脳）に位置づけられざるをえないが，ANTはこのような狭隘な見地を拒絶し，環境，さまざまな事物，計算の諸装置に認知能力が分散されていることを強調する。

　計算という実践は，簿記のルールからスーパーの買い物かごにいたるまでの多様な装置と人間の連結によってはじめて可能になる。人間と非・人間のハイブリッドによってこそ，行為能力を備える実体が成形されているのである[9]。計算能力を構成する装備である道具や手法（計算の諸装置）は，「それが評価する現実を打ち立てるのに貢献する。すなわち複式簿記は，簿記の外部で展開している資本蓄積を測定しにやってくるのではなく，その蓄積の確立に貢献する」（カロン，2016-2017）。いかなる計算も，特定の計算手法に従って実行されるほかはありえないのであり，そのことによって計算は特定の可視性を作り出し，提供する。計算実践そのものが内在的に行為遂行的であり（國部ほか，

────────────

　9）　カロンは市場的配置を5つのフレーミングからなるものとして説明するが（①財の受動化，②計算的エージェンシーの活性化，③市場的出会いの組織化，④市場的愛着（接続），⑤価格の定式化），①と②の過程は相補的である。市場的活動は，一方で計算能力を持つ活動的な実体と，もう一方では計算可能な（受動的な）状態の事物との関係として現れ，いわば両者は共同生産される。

第Ⅰ部　現代資本主義と「地域の価値」

2017），その遂行性は計算の諸装置にもとづく。また，簿記の例から窺われるように，配置や装置といった概念においては，制度的なものと技術的なものをそれぞれ純化したうえで一方を他方へ還元するといった見方は退けられる。交通ルールは信号機なしには機能せず，信号機は交通ルールなしには意味を持たない。配置とは社会的‐技術的である。そしてカロンはラトゥール（1987）を参照しつつ，このような計算能力は平等に分配されているわけではないと指摘する。計算能力の非対称性は価値づけの権力の問題と接続されるべきである。

　ここで市場的配置をなすフレーミングをそれぞれ詳しく説明することはできないが，価格の定式化についてふれておこう。それは交換価値の構築に直接かかわる。企業などのアクターは価格を算定するための手続き・計算法（定式）を用いており，それはこれまでみてきた価値づけ過程の重大な焦点である。その過程は分散されており，定式化されなければならない。定式は多様である。つまり，価格決定の唯一の原理を求めることや，市場の純粋なメカニズムからの乖離を見定めることは，問題にならない。さまざまなケースにおける定式化がエスノグラフィーなどの調査によって明らかにされうる（コンヴァンシオン派の研究成果は，使用価値の生産および取引の性質にもとづいて価格の定式を類型化する可能性を示唆している）。とはいえいくつかの目安は指摘されている。具体的価格はつねに，別の価格から確立される[10]。これらは，換言すれば「価格の慣行」の諸契機である。そして価値の多元性が定式に関わるがゆえに，定式はときに社会的闘争の焦点になる[11]。かくして，価値づけという視角を，制度主義的な価値論と形容することも可能かもしれない。

---

10)　カロンはマークアップを一例として挙げている。定式は，質的変数と量的変数，技術的データと経済的データを，何らかのやり方で結合させなければならない。なお，マークアップあるいはコストプラス・プライシングについては藤田ほか（2023）の第2章を参照。

11)　価値づけの過程には全体的に人間の活動が関わるが，広義にはそれを労働として捉えることも可能な面はある。一方で，労働もまた価値づけされるのであり，ボルタンスキーとシャペロやファヴローによる搾取論（立見・山本，2022）はこの観点にもとづくとみることもできるだろう。山本・北川（2020）も参照。

第 2 章　商品の価値づけをめぐる論点

6 ┃ 利潤のレント化

　さまざまな時代と場所において，さまざまな財について，さまざまな価値づ
けの様式を見出すことができるはずである。とはいえ先述のように，価値づけ
というテーマを迫り上げたのが資本主義の現代的展開についての関心であるこ
とは明らかであろう。ゆえに，ここでもう一歩踏み込んで，現代の資本主義に
おいて価値はいかなる形態の利益に転化されるのか，すなわち認知資本主義論
のいう「利潤のレント化」という論点（山本，2021）にふれておきたい[12]。

　レント（rent）とは古典的には地代であり，土地という有限な資産の占有に
もとづく地主の収入を意味していた。貸借の対価として支払われるという意味
で，利子もレントに近いものと捉えることができる。大企業が独占的地位にも
とづく力をふるって確保する利益（超過利潤とみなされる）は，独占レントで
ある。公権力に働きかけて自社に都合のよい措置を実施させようとすることは，
レントシーキングと呼ばれる。ともあれ産業資本主義こそが本来の資本主義だ
とする観点からは，富を増大させる生産への貢献ゆえに「資本家」あるいは経
営者が得るとされる「利潤」に対して，レントは周縁的なものであったといっ
てよい。ところがヴェルチェッローネ（2010）らは，現代資本主義のもとでレ
ント的な形態が著しく増殖していること，利潤とレントの境界の不明瞭化に注
目する。

　利潤のレント化は，稀少性の構築，および装置による定式化という 2 つの契
機からなると考えられる。たとえば，本書第 1 章で説明された「コレクション
形態」という価値づけ様式は，歴史的な文脈化によって固有性を見出すもので
ある。美術・工芸・観光などでは，来歴などの情報が大きな価値となっており，
時間の経過が評価を高めることにつながる。とくに体系的な収集と分類による
位置づけが重要となる。ある場所を観光客が訪れるとき，そこで消費されるの
は，たんに物品やサービスそのものではなく，空間の物理的機能性でもない。

12）　収入の形態の変容は分配の構成の問題でもあるが，本章では分配については言及で
　　きなかった。不十分な議論ではあるが山本（2023c）を参照。

第Ⅰ部　現代資本主義と「地域の価値」

景観や文化遺産はその意味で無形の資産なのだが，それは他の土地にはない，そこにしかない価値が見出されるということである。ボルタンスキーらは「豊穣化」と表現するが，これはまさに稀少性の構築である。だとすれば，それがもたらす経済的利益はレント的といえる。ただし，地主にとっての地代のような制度的な形態を有するものとはいえないだろう。

　証券化のような，さまざまな形態の所有権にもとづく財産所得は，より「地代」に近い。近年のビジネスモデルにおいては，特許料，リース料，手数料，広告料などといったレント的な収入の形態が焦点となっているケースがよくみられる。知的財産権は，無形資産が生む利益をレント的に捕獲するための典型的な装置である[13]。GAFAMに代表されるプラットフォーム資本は，いまや誰もが利用するインフラになったデジタルプラットフォームを私的に領有し，そのシステムを企業に使用させることから収益を上げているという意味で，現代におけるレント型ビジネスモデルの際立った事例だろう（山本，2023b）。これらの場合，知財や証券は法的なルールによって，プラットフォームはアーキテクチャによって，収入の形態が強くシステム化／制度化されている。すなわち，装置による定式化の強さによって特徴づけられる。生産過程の直接的支配というよりも市場の媒介者として「工場の鉄柵を越えて」影響力をふるうことで，現代の巨大資本は企業の外部で生み出された価値を抽出しようとするのである。それは，かつての囲い込み（エンクロージャー）のごとく，コモンの脱社会化・私有化によるものとしても理解することができる。

　また，文字通りの土地レントの追求が引き起こす問題として，ここでジェントリフィケーションとのつながりを指摘すべきであろう。Pasquinelli（2014）は，認知資本主義における利潤のレント化という観点から，投機的レントと非物質的生産の結びつきとしてジェントリフィケーションを捉えている。同様の観点から立見（2016）が述べるように，「資本が潜在的地代を実現する上で文

---

13)　単純な大量生産・大量消費による成長が期待できなくなったからこそイノベーションが，またそのための知識の生産・投入が叫ばれるが，イノベーションへの強迫ゆえにレントへの志向が強まると考えることもできる（山本，2021）。新技術であれ新しい製品であれ，いずれは模倣されるので，イノベーションそれ自体がもたらす超過利潤は永続しない。これに対し，地代は土地の排他的な所有にもとづき，肥沃な土地がもたらす超過利潤は地主に独占される。

化と歴史ほど格好の素材はない」。知識・文化集約的な経済への移行過程で行われる大規模投資が，社会的排除を引き起こすのである。

7 ｜ おわりに

　以上，本章では価値づけの機制を素描することを試みたが，その視野は主として商品的な価値に限定される。こうしたことから本章が，地域活性化フレーム（渡邉ほか，2023）——「あらゆる人・事物・表象を資源化して地域活性化につなげようとする一方で，それに貢献しない人・事物・表象を不可視化したり排除したりする」志向——を前提し，その手法たらんとするものにみえることは避けられないかもしれない。しかしながら，そのような意図はない。再び渡邉らの表現を借用していえば，理論的な叙述もまた「まごつき」ながらの作業であるべきだろう。

◆付記
　本章は山本（2023a）を加筆修正したものである。紙幅の制約のため，より詳しい文献情報については複数の旧稿を参照されたい。

◆参考文献
市川康夫（2021）「『大地に帰れ運動』にみるフランス農村のユートピア——コミューンの理想郷からエコロジーの実践地へ」『経済地理学年報』第67巻第4号，235-254頁。

ヴェルチェッローネ，C.（2010）「価値法則と利潤のレント化」A.フマガッリ，S.メッザードラ編『金融危機をめぐる10のテーゼ——金融市場・社会闘争・政治的シナリオ』（朝比奈佳尉・長谷川若枝訳）以文社，75-105頁［原著2009］。

エイマール-デュヴルネ，F.（2006）『企業の政治経済学——コンヴァンシオン理論からの展望』（海老塚明ほか訳）ナカニシヤ出版［原著2004］。

オルレアン，A.（2013）『価値の帝国——経済学を再生する』（坂口明義訳）藤原書店［原著2011］。

カロン，M.（2016-2017）「市場的配置とは何か（上・中・下）」（北川亘太・須田文明訳）『経済論集』（関西大学）第66巻第2号，127-160頁，第66巻第3号，183-215頁，第67巻第1号，63-85頁［原著2013］。

カロン，M.，F.ミュニエーザ（2017）「計算の集合的装置としての経済市場」（須田文明・山本泰三訳）『四天王寺大学紀要』第64号，345-374頁［原著2003］。

川端基夫（2021）「商品の使用価値と市場のローカルな規範感覚」『経済地理学年報』第67巻

第Ⅰ部　現代資本主義と「地域の価値」

　　　第4号，223-234頁。

國部克彦・澤邉紀生・松嶋登編（2017）『計算と経営実践─経営学と会計学の邂逅』有斐閣。

須田文明（2004）「知識を通じた市場の構築と信頼─コンヴァンシオン理論とアクターネットワーク理論の展開から」『進化経済学論集』第8集，209-218頁。

須田文明（2005）「『見える手』による市場経済の遂行─アクターネットワーク理論とコンヴァンシオン経済学の間で」『進化経済学論集』第9集，227-236頁。

須田文明（2008）「事物と装置─構築主義的社会経済学の宣揚」『經濟學雜誌』第109巻第1号，19-36頁。

大会実行委員会（2021）「［大会シンポジウム］価値づけの経済地理学」『経済地理学年報』第67巻第4号，275-287頁。

竹中克行（2021）「ランドスケープの価値づけ─欧州ランドスケープ条約に関わる政策実践を中心に」『経済地理学年報』第67巻第4号，255-274頁。

立見淳哉（2016）「認知資本主義と創造都市の台頭」山本泰三編『認知資本主義』ナカニシヤ出版，85-102頁。

立見淳哉（2019）『産業集積と制度の地理学─経済調整と価値づけの装置を考える』ナカニシヤ出版。

立見淳哉・山本泰三（2022）「価値と価値づけの理論的検討─コンヴァンシオン経済学における展開」『季刊経済研究』第40巻第1-4号，48-66頁。

チェンバレン，E. H.（1966）『独占的競争の理論』（青山秀夫訳）至誠堂［原著1933］。

パーカー，G.G.，M.W.ヴァン-アルシュタイン，S.P.チョダリー（2018）『プラットフォーム・レボリューション』（渡部典子訳）ダイヤモンド社［原著2016］。

ハーシュマン，A.O.（2005）『離脱・発言・忠誠─企業・組織・国家における衰退への反応』（矢野修一訳）ミネルヴァ書房［原著1970］。

バティフリエ，P. 編（2006）『コンヴァンシオン理論の射程』（海老塚明・須田文明監訳）昭和堂［原著2001］。

藤田真哉・北川亘太・宇仁宏幸（2023）『現代制度経済学講義』ナカニシヤ出版。

フマガッリ，A.，S.メッザードラ編（2010）『金融危機をめぐる10のテーゼ─金融市場・社会闘争・政治的シナリオ』（朝比奈佳尉・長谷川若枝訳）以文社［原著2009］。

ベッシー，C.，P.-M.ショーヴァン（2018）「市場的媒介者の権力」（立見淳哉・須田文明訳）『季刊経済研究』第38巻第1・2号，19-50頁［原著2013］。

ベッシー，C.，O.ファヴロー（2011-2012）「制度とコンヴァンシオン経済学（上・下）」（須田文明・山本泰三訳）『四天王寺大学紀要』第53号，451-479頁，第54号，567-586頁［原著2003］。

ボルタンスキー，L.，L.テヴノー（2007）『正当化の理論─偉大さのエコノミー』（三浦直希訳）新曜社［原著1991］。

山本泰三編（2016）『認知資本主義』ナカニシヤ出版。

山本泰三（2019）「なぜ経済学の行為遂行性が問題となるのか─M.カロンらの所説について」『季刊経済研究』第39巻第1・2号，55-70頁。

山本泰三（2021）「価値づけと利潤のレント化─現代資本主義への視角」『経済地理学年報』第67巻第4号，213-222頁。

山本泰三（2023a）「価値づけ／計算─慣行と配置にもとづく機制についてのノート」『現代思想』第51巻第2号，204-214頁。

山本泰三（2023b）「プラットフォーム資本とは何か」水嶋一憲・ケイン樹里安・妹尾麻美・山本泰三編『プラットフォーム資本主義を解読する』ナカニシヤ出版，3-20頁。

山本泰三（2023c）「『創造』経済と経済格差—現代資本主義における労働と分配について」山田奨治編『縮小社会の文化創造』思文閣出版，71-80頁。

山本泰三・北川亘太（2020）「アントニオ・ネグリにおける労働と価値—『マルクスを超えるマルクス』から非物質的労働へ」『經濟論叢』第194巻第1号，33-46頁。

ラトゥール，B.（1999）『科学が作られているとき—人類学的考察』（川﨑勝・高田紀代志訳）産業図書［原著1987］。

ラトゥール，B.（2019）『社会的なものを組み直す—アクターネットワーク理論入門』（伊藤嘉高訳）法政大学出版局［原著2005］。

渡邉悟史・芦田裕介・北島義和編著（2023）『オルタナティヴ地域社会学入門—「不気味なもの」から地域活性化を問いなおす』ナカニシヤ出版。

Akerlof, G. A.（1970）"The Market for Lemons: Quality Uncertainty and the Market Mechanism", *The Quarterly Journal of Economics*, 84(3), pp.488-500.

Callon M., C. Méadel and V. Rabeharisoa（2002）"The Economy of Qualities", *Economy and Society*, 31(2), pp.194-217.

Eymard-Duvernay, F.（2016）"Valorisation", in P.Batifoulier, F.Bessis, A.Ghirardello, G. de Larquier, et D. Remillon éds. *Dictionnaire des conventions: Autour des travaux d'Olivier Favereau*, Villeneuve d'Ascq: Presses Universitaires du Septentrion, pp.291-296.

Heinich, N.（2020）"A Pragmatic Redefinition of Value(s) : Toward a General Model of Valuation", *Theory, Culture and Society*, 37(5), pp.75-94.

Muniesa, F.（2014）*The Provoked Economy: Economic Reality and the Performative Turn*, New York: Routledge.

Pasquinelli, M.（2014）"The Sabotage of Rent", *Cesura//Acceso*, 1, pp.162-173.

Thévenot, L.（2015）"Certifying the World: Power Infrastructures and Practices in Economies of Conventional Forms", in P. Aspers and N. Dodd eds. *Re-Imagining Economic Sociology*, Oxford: Oxford University Press, pp.195-223.

（山本　泰三）

第 **3** 章

「地域の価値」を構成する
要素としてのオーセンティシティと
その解釈

1 | 「オーセンティシティ」とは何か

　「地域の価値」を考えるための判断基準として，「オーセンティシティ（Authenticity）」という概念がある。これは，日本語で直訳すると「真正性」であり，もう少し身近な言葉にすると「ほんものさ」とか「らしさ」と意訳できる。各都市にとって，その都市の「らしさ」＝オーセンティシティは唯一無二の「地域の価値」であり，行政の計画文書や民間開発でも「らしさ」とは差異を演出するキーワードとして多用されてきた。しかし，この概念は曖昧に用いられることも多く，実体としてそれが何を意味するのかは明確ではない。

　そこで本章では，「地域の価値」を構成する要素としてみた場合のオーセンティシティの本質的な意味を考察する。こういった言葉によって「地域の価値」を表現する必要が生じてきた背景には，次のようなことがあるだろう。

　第 1 に，不動産開発の活発化がある。バブル崩壊後の経済刺激策として，大都市では都市再生による特別措置が行われ，開発時間の短縮と金融措置を約束された開発業者によって大型開発が進められた。また，高度経済成長期の建物の更新時期とも重なって，こういった特区制度があまり適用されないような地方都市でも中心部でホテルやマンションの建設が進み，古いものが壊されてい

第Ⅰ部　現代資本主義と「地域の価値」

くことが増えた。このような局面では，開発において地域文脈を反映させた
オーセンティシティの空間演出と，開発から残されたことでより希少性を増し
た歴史ある場所のオーセンティシティ，という2つのオーセンティシティの側
面が生じたのである。

　第2に，観光業の興隆がある。都市観光が重要な産業として成長する中で，
観光業は地域の「見せ方」「体験のあり方」に影響を与えてきた。特に観光に
はゲストとしての観光客がどのようにその地域を見るか，そしてホスト側はそ
の地域をどのように演出するかという立場が存在するため（McCannell, 1973），
地域のオーセンティシティへの認識は立場によってより揺らぎやすくなる。こ
ういった特性から，特に観光学の分野でオーセンティシティという概念につい
て議論が蓄積されてきていた。

　地域のオーセンティシティの強調は，開発による均質化を防ぎ，観光客を惹
きつけ，「地域の価値」を際立たせるための差異化のツールとなる。しかし，
オーセンティシティは景観論議にも似て，解釈やあり方，評価は明確に定まる
ものではなく，何が「オーセンティック＝らしい」とされるのかが決定的に論
じられる性質のものではない。本章では「地域の価値」を構成する要素として
重要だが，曖昧さをもつ概念である「オーセンティシティ」について，先行文
献の議論を参照してまず解釈の枠組みを示す。その上で，オーセンティシティ
の時間軸での変化と都市空間の演出に着目し，「地域の価値」を構成する要素
としての意味を考える。

2 ｜ オーセンティシティ論の拡がり

　これまで積み重ねられてきたオーセンティシティについての論説は，いくつ
かの分野に分けられる。

　第1に，世界遺産のような，歴史的文脈から読み解くオーセンティシティで
ある。これについては，1964年のヴェニス憲章での歴史的建造物の保存・修復
におけるオーセンティシティのあり方の指針[1]や，国際記念物遺跡会議

---

　1)　https://www.icomos.org/en/particiler/179-articles-en-francais/ressources/charters-
　　　and-standards/157-the-venice-charter（2024年3月閲覧）

36

第 3 章　「地域の価値」を構成する要素としてのオーセンティシティとその解釈

（ICOMOS）による「オーセンティシティに関する奈良ドキュメント」（1994年，以下，奈良ドキュメント）による定義がある。奈良ドキュメントの中では，オーセンティシティの評価は固定したものではなく，「帰属する文化の文脈の中で考慮され評価しなければならない」[2]とされており，ヨーロッパ的な評価基準を超えて，都市骨格や建築物の構造・気候も全く異なる日本を含むアジアにおけるオーセンティシティの評価のあり方を示している。

　第 2 に，前述したようにこれまで蓄積されてきた観光分野からみたオーセンティシティ議論がある。代表的な論として，Wang（1999）は観光体験の中には 3 つのオーセンティシティがあると指摘しており，それは「Objective（客観的）」「Constructive（構造的）」「Existential（実存的）」であるとしている。客観的オーセンティシティは起源や由来に依拠するが，構造的オーセンティシティには相対的な解釈が存在し，実存的オーセンティシティは各々の体験を説明するものであるとした上で，観光の内容によっては，その対象物自体がオーセンティックかどうかは観光客にとっては関係なく，「観光客が求めているのは，自己のオーセンティシティであり，間主観的オーセンティシティである」（Wang, 1999, pp.365-366, 筆者訳）としているなど，複数の次元と意味をもつ概念として論じている。

　第 3 に，都市空間のオーセンティシティという議論である。ズーキンは，オーセンティシティについて多様な表現で説明しているが，例えば次のように表現している箇所がある（Zukin, 2010）。

　「オーセンティシティとは〔中略〕日々の体験によって徐々に形成されていくものであり，地域住民にしろ建物にしろ，今日ここにあるものが明日も続いていくという希望」（訳書16頁）

　「オーセンティシティの根拠は自分自身を反映するもの」（同38頁）

　「オーセンティシティは，パワーをもつための手段」（同12頁）

　これらの表現は，オーセンティシティはハードの保全にとどまるものではなく，生活そのものにあること，かつ，文脈を反映して個別に評価されるものであること，そして都市内での権利を誇示するための武器となりうるということ

---

2)　http://www.japan-icomos.org/charters/nara.pdf（2019年 9 月閲覧）

第Ⅰ部　現代資本主義と「地域の価値」

を示している。ズーキンは多様な人種が混在する都市であるニューヨークを対象として論じているが，ここでは時にオーセンティシティの主張は，人種や民族など各立場における文化パワーを発揮するためのツールとなり，都市の変容を促すとも考察している。

　ズーキンはまた，オーセンティシティの4要素として「伝統」「多様性」「相互作用」「自然発生的」であることとしており，この4つが重なることでオーセンティシティをもつ要素となりうるだろうと発言している[3]。すなわち，都市の構成要素はそれぞれが独立して存在するのではなく「多様性」をもちながら「自然発生的」に「相互作用」することで，全体性をもち，その結果由来の新旧にかかわらず，場所の文脈と関係性をもつことができるのだ。ここではオーセンティシティは，単に個別建築単体のほんものさということだけでなく，全体性の中で判断する必要がある。

　さらに地理学者のレルフは，オーセンティシティという「本物性」について「場所（place）」から論じる中で，無意識的につくられた本物の場所は「文化のもつ景観や文化が欲するものや価値をおくものへの直接的かつ無意識の変換」によって形にあらわれるとしながらも，「連続的な過程」として「住み，使用し，経験」することによって場所にオーセンティシティを与えるともしている（Relph, 1976，訳書170-174頁）。このように，オーセンティシティのもつ全体性は，都市の中で時間経過によって，また，人によってつくられていくものでもあるのだ。

　さらに，第4の側面として，計画者側から見るオーセンティシティ論がある。C.アレグザンダーは生き生きとした建物や町は「根源的規範」として「無名の質」（Quality without a Name）をもち，人為的にはつくれないこの「無名の質に到達するには」「生きているパタン・ランゲージ」を組み立てねばならないと説いた（Alexander, 1979，訳書xi-xii頁）。パタン・ランゲージとは，例えば「庭に面するバルコニー」など，空間をつくる上での「3次元的なパタンの組み合わせ」（Alexander, 1979，訳書154頁）を示すものであるが，それによっ

　3）　『季刊まちづくり』第38号（2013年4月，学芸出版社）における筆者によるズーキン氏へのインタビュー「シャロン・ズーキンさんに聞く　ジェイコブズ『後』の都市のオーセンティシティをめぐる闘い」から。

て表現される「無名の質」はまさに空間のオーセンティシティがなぜ特定の場所で感じられるのかを説明するものだ。また，オーセンティシティを「守る」上でのより計画実務的な側面として，Meyer（2018, p.105）はプランナーが地域に介入する際に認識しておくべきオーセンティシティの３つのPを示した。３つのPとは，「People（人）」「Place（場所）」「Practice（慣例）」であり，それぞれの変化の速度によって「オーセンティシティのナラティブ」が異なるとしている。これはレルフも場所のアイデンティティの３つの基本的な要素として「人間の活動」「静的な物質的要素」「意味（＝「人間の意図と経験の属性」）」によって構成されていると述べているように（Relph, 1976，訳書123-124頁），オーセンティシティというのは空間的・物質的な質を形成するだけで成立・保全できるものではなく，活動や経験，営み，慣例が意味としての場所をつくり，空間と相まって成立するものであるということだ。地域に計画者として関与する上ではそういった構造を理解している必要がある。

　これらのように，「地域の価値」としてのオーセンティシティは分野をまたいで，その捉えどころのなさに対する解釈や理解のためのフレームワークが展開されてきた。これらの蓄積されてきた議論に共通して言えるのは，オーセンティシティは自己の体験に基づく個別の解釈の広がりももつが，その解釈においては空間的要素に加えて，そこにある文脈や文化，慣習，意味，生活というものと全体性をもって捉える必要があり，かつ時間軸が作用するものであるということである。

3 ┃ 「地域の価値」としてのオーセンティシティに関する論点

　これらの議論をふまえて，「地域の価値」としてのオーセンティシティについて本章では次のような論点を示し，考察する。

　第１に，オーセンティシティの解釈の枠組みである。オーセンティックなものは「相互作用」するものであり，絶対的存在として単独で存在しているのではなく，それをとりまく周辺と全体性をもった関係の中で変化する。また，自分自身を反映する存在としてのオーセンティシティという点を考えるならば，

第 I 部　現代資本主義と「地域の価値」

その読み取り方は唯一無二の固定したものがあるわけではない。ではどのように その解釈の枠組みを理解したらよいのだろうか。

　第2に，時間軸とオーセンティシティの関係である。基本的には時間が介在 し，歴史的価値が付与されたものの評価は比較的容易だろう。しかし，新しい ものだからと言うだけでオーセンティシティが全く欠如しているとは言い切れ ない。また，時間軸の中で形成されることは確かだが，オーセンティシティが 形成されるまでの時間の長さについて明確な指標があるわけではない。では時 間軸とオーセンティシティの関係をどう理解したらよいのだろうか。

　まずオーセンティシティの解釈の枠組みについては，前述したWangの論も 含めて，すでに**図表3－1**のような整理がされており，これを参照して考えた い（Jamal and Hill, 2004）。これは，オーセンティシティの3側面を論じてい るものである。図表3－1の一番左の「客観的」オーセンティシティは例えば 近代以前につくられた遺跡のような科学的に時代検証が可能で，おそらく誰し もがオーセンティシティを疑いにくいものであろう。Wang（1999）も指摘し た通り，これは由来や起源に依拠するもので，評価が現時点で確定しているも のである。一方，構造的オーセンティシティは制度や社会的解釈によって形づ くられるものだと考えられる。

　そしてこの中でオーセンティシティの理解を最も難しくしているのは「個人 的」側面である。Zukin（2010）が言及したように，「オーセンティシティの 根拠は自分自身を反映するもの」で「突き詰めれば主観的なもの」（訳書38頁） であるとするならば，オーセンティシティは個人的解釈に基づいて判断されて よさそうだが，その解釈をすべて拾い集めるのは，あまりにも人によって異な るため難しい。そして例えば観光的側面から考えると，観光客の個人的なオー センティシティのイメージに応じた形で受け入れ側が「地域の価値」を演出す るようになれば，そこでは客観的・構造的・個人的解釈との間にコンフリクト が生まれてくる。ただし，個人的解釈も時間が経てば次の「伝統」をオーセン ティシティとしてつくりだすこともある。

　ここでは，第2の論点の時間軸とオーセンティシティの関係を含めて考える 必要がある。つまり，図表3－1のような3つのオーセンティシティの側面が 並列している状態を考えると，やはりオーセンティシティの解釈とは，唯一無

40

第3章 「地域の価値」を構成する要素としてのオーセンティシティとその解釈

図表3－1◆オーセンティシティの「次元」

オーセンティシティの側面	客観的（リアル）	構造的（社会政治的）	個人的（現象学的）
時間	歴史上の時間 (Historic Time)	遺産的時間 (Heritage Time)	住民/訪問者の時間 (Resident/Visitor Time)
空間	MacCannell（1989）の「バックステージ」；リアルで，純粋な近代以前の立地で発見されたもの。誰かのうわべだけの社会からは切り離されている（例えば風景，記念碑，「科学的に」いつつくられたか分かっている芸術品，純粋なもの（Bruner, 1994））	アトラクション，コミュニティ，目的地の形成（ねつ造）；隔絶した空間（Edensor, 1998）（社会政治的な関係が国家，目的地のイメージ，場所のセンス，遺産/歴史上の改造に影響を与えている）	インタラクティブで遂行的で，観光的な空間；異質な空間（Edensor, 1998）（観光客と住民は物語的，解釈的な意味づけを行い，位置づけられた場所や文脈のある空間に出会う）
アプローチ	科学的な，実証哲学者によるパラダイム　　リアリスト；本質主義の人（オーセンティシティは物体/イベント/近代以前の起源/独自性の動かぬ特質）	構成主義と社会構築主義；プレモダニズム　　出現し，取り決められた「意味」；ステークホルダー間における政治的競争；空間は観念的，科学技術の力によって計画される；象徴的で，構築されたオーセンティシティ (Wang, 2000)	インタラクティブで物語的なアプローチ　　心理学的（知覚/感情）；経験的で，実存ベース，現象学的である。そういったところでは，「意味」は観光の空間（場）に存在し，それを体現する社会的関係性から生まれる。

出所：Jamal and Hill（2004, p.358）Table 1を筆者翻訳

二としてそこに絶対的なものが存在するものがあるわけではない。解釈は時間軸に沿って常に揺れ動き，かつ個別の解釈を否定はできない。また，客観的な根拠以上に「こうしたい」という感情や意図の方が，時間軸に伴うオーセンティシティ形成のパワーが強いのではないだろうか。そういった意味で，個人的な体験志向型の解釈パワーの強さは，科学的・歴史的根拠をもつ固定した解釈を乗り越え，別の新しいものを「地域の価値」に変えていく。そういった時

第Ⅰ部　現代資本主義と「地域の価値」

図表3－2◆オーセンティシティのゆらぎと循環図

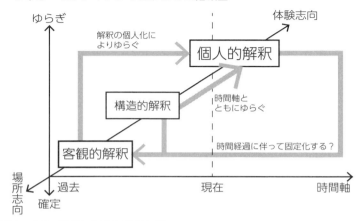

出所：坂村・内田（2019）図1に筆者加筆

間軸による解釈の蓄積とゆらぎは，現代の都市空間に与えた影響も大きいはずである。

ともかく，枠組みとしては客観的，構造的（社会政治的），個人的の3つのオーセンティシティの側面が存在し，それらが時間軸の中で互いに影響し合うという動的なかたちでオーセンティシティという概念の意味を捉える必要がある（図表3－2）。

4 │ 都市空間のオーセンティシティと「地域の価値」

では前述した解釈の枠組み，そして時間軸という視点から，オーセンティシティという「地域の価値」の解釈を具体例で見てみよう。オーセンティシティを考える上では，前述した通り不動産開発と観光需要の拡大という背景がある。不動産開発は社会政治的解釈として，税制や都市戦略に基づいて場所を造り変える。一方で開発のコンセプトやデザインを説明するときには，客観的なオーセンティシティの解釈としての地域文脈や歴史を用いることが多い。アレグザンダーが都市の魅力をつくる「何か」について「無名の質」という言葉を用いたように，そこには必然性としてのオーセンティシティの付与を「何か」に求

めているのである。また，観光は近年の体験型・着地型観光の中で，空間の解
釈をより体験志向型に変化させてきた。こういった個人的なオーセンティシ
ティの解釈へのよりそいは，客観的オーセンティシティの解釈にさえ影響を与
えつつある。以下，地域資源という文脈から，オーセンティシティのそれぞれ
の解釈とそれに基づく演出のあり方について不動産開発と観光の事例を用いて
考える。

4.1　不動産開発とオーセンティシティ

　社会政治的にオーセンティシティを解釈させる規模をもつ不動産開発として，
市街地再開発整備事業（以下「再開発」）が挙げられる。再開発は大都市部の
都市再生緊急整備地域における特区制度による規制緩和に促され，特定地域に
特に集中して実施されてきた。日本における再開発の特徴として，オフィスや
商業床の「需要縮小期」における競争激化の中で「周辺の類似する施設とは異
なる付加価値を創出することが重要となって」（北崎，2015，30頁）いること
が指摘されている。そして開発における「付加価値」の演出は，その正当性を
示すことでオーセンティシティの新解釈につながる。実務的には，都市再生特
区では付加価値的な部分について事業者から「公共貢献」として提案を行うこ
とで容積率の緩和等を得ることができるため，公共貢献のあり方がオーセン
ティシティの新解釈に結びついてきた側面も強い。こういった中で近年の再開
発では，どのようにオーセンティシティを読み取ってきたのだろうか。

① 　都市部の再開発における「付加価値」としてのオーセンティシティの空間
　　演出

例1） 自然空間の再生としての空間演出

　人工物としての再開発に付随した空間演出として，自然空間との再接続，も
しくは新設を行う事例も多い。例えば緑の空間を新たに創り上げることで「地
域の価値」を高める試みや（ex.オオテモリなど，都心部のオフィス空間），水
辺空間への接続（ex.晴海などの港湾部の開発）や再生（ex.日本橋周辺など川
沿い空間の再生）がある。ここでは，河川空間の再生について詳しく見てみよ

う。長期的な時間軸で見ると，特に東京では江戸期の水運の歴史から水路は東京の都市文脈の一部であったが，河川空間は高速道路の建設や暗渠化など高度成長期に都心部で「裏」の存在となった。そこに「公共貢献」に基づく規制緩和が影響し，河川再生が地域の由来空間の演出の１つとなるなど，近年の東京の再開発ではこういった水路との関係がオーセンティシティの表象として構築されてきた。

　その一例が2018年に完成した「渋谷ストリーム」である。渋谷駅周辺では現在一連の再開発プロジェクトが進み，その中で東急線の高架が撤去され，渋谷川沿いに遊歩道が設けられた。再開発事業の１つである「渋谷ストリーム」では，それまで建物が背を向けていた薄暗い渋谷川を「表」にし，都市文脈としての水路を開発の中に取り込んだのである。渋谷川の再生は制度上の「公共貢献」として評価され，川沿いの空間が「渋谷リバーストリート」（**図表３－３**）として整備された上で一部東急線の高架橋がモニュメント的に残っている。こういった記憶の残し方は，韓国・ソウルで高速道路を撤去し，川を再生した清渓川でも行われているなど，オーセンティシティ演出のユニバーサルな「コード」となった。

図表３－３◆渋谷リバーストリート

注：筆者撮影

第3章 「地域の価値」を構成する要素としてのオーセンティシティとその解釈

例2） 自然発生空間の再現としての空間演出

　また，再開発によって物理的に破壊される路地空間などの自然発生空間を再開発の中に取り入れるような付加価値の形成も増えた。特に近年顕著なのは「横丁」の導入である。時間軸で見ると明確な由来をもつ横丁の多くは戦後の闇市から形成されたものであり，戦後の混乱期の必然性から自然発生した空間だが，駅前にある立地のよさから再開発の対象となることが増えてきた。一方で，横丁の空間スタイルが「付加価値」の演出としてクリーンな形で再開発ビルの中に再現されるようにもなった。例えば2023年完成の東急歌舞伎町タワーでも横丁が新しく創られ，歌舞伎町では前面の広場からエントランスへ入った先に現代的なスタイルの横丁が埋め込まれている。ただ，新宿における戦後の闇市に歴史的由来をもつ横丁は東口のゴールデン街と思い出横丁であり，東急ミラノ座があった街区につくられたこのタワーにはそういった歴史は背景として存在しない。これらは，新築された再開発ビルの付加価値として，再開発の「都市機能」の1つとして空間演出されたものだ。

②　地方都市の再開発とオーセンティシティの保護としての空間演出

　都市部が横丁を再現するように，地方都市では市場という生活空間を再開発に取り入れる例が多い。市場は本来地域住民のために存在していたからこそ「地域の価値」となり，オーセンティックな「ローカルさ」を体験したい訪問者の目的地（Gravari-Barbas and Guinand, 2017, p.5）として最適な体験を提供する。

　ここでは金沢市での近江町市場の事例を見てみよう（図表3－4）。時間軸で見ると金沢市中心部にある近江町市場は長年市民の台所といわれてきたが，1980年代初頭から市場の再開発について不断の議論が行われてきた中で，一旦は高層化する案が計画された。その後，バブルの影響で計画案は修正され，東京から来たコンサルではなく，地元で考えるべきという当時の山出市長の考え（山出，2013, 175-176頁）のもと，規模をおさえた「身の丈再開発」で市場の再開発が行われることとなった。この再開発では空間演出としてスケール，間口，配置，路地的な通路，地区内にある歴史的建造物が保たれることで（新建築社編，2013, 51-53頁），全体性を形成しながら市場の再開発が行われた。こ

45

図表 3 − 4 ◆近江町市場内部

注：筆者撮影

れは，再開発後の市場も雑多な雰囲気やヒューマンスケールが残り，市場の雰囲気を損なわない状態で近代化された貴重な例である。それまで時間と共に蓄積されてきた自然発生的な都市空間を再開発という一定の秩序の中で再現するのは容易ではない。それはまさにアレグザンダーの「無名の質」を形成する技術だが，この近江町市場では全てを一新したのではなく，開発の時間軸上で一部既存の市場が残存したことでそれまでの蓄積を失わずに済んだ。このような空間形成は時間軸を意識した「漸進的」（インクリメンタル）な開発といわれるものだ。

　結果，近江町市場の観光客の目的地としての集客力はさらに上がり，観光客のニーズの高まりの中で，海鮮丼を求める混雑と混雑を避ける地元客という構図が生まれた。ハードとしてのオーセンティシティは巧みに保存されたが，逆にその空間としてのほんものさが観光客を惹きつけ，「地域の台所」というオーセンティシティが危ぶまれる。

4.2　観光と都市空間のオーセンティシティ

　次に観光的側面についてだが，世界遺産都市に観光客が殺到するなど，「観光」の強調がオーセンティシティの危機をもたらすような事例も増加してきた。観光的側面は，体験志向および個人的オーセンティシティに呼応することで，

第3章 「地域の価値」を構成する要素としてのオーセンティシティとその解釈

結果としてオーセンティシティの解釈を複雑にした主因と言える。以下，具体的な事例からその関係を考察する。

① ガイドブックから見るオーセンティシティ

観光ガイドブックは観光客と観光客を迎えたい側による個人的な空間認知の表象を映し出す。例えば2015年の新幹線開通後，観光客数の増加した石川県金沢市のガイドブックに見る空間認知の変容を見てみよう（内田，2015）。ここで取り上げる事例であるひがし茶屋街は，江戸時代に加賀藩から許可を得て形成された茶屋町であり，江戸期以降の古い街並みがのこる地域でお茶屋文化が守られている（**図表3－5**）。2001年には歴史的なまちなみを守る制度である重要伝統的建造物群保存地区（以下，重伝建）に指定され，観光客が必ず訪れる場所である。

ひがし茶屋街は，ガイドブックにおける記述の時間軸での変化が顕著な例である。1979年のガイドブックには「男性が通うだけではなく，旅の女性も〔中略〕街並みを求めて回（もとお）る町となった」[4] という説明文があった。これは，基本的には男性が行くための場所であった茶屋町と芸妓の文化としての江戸時代からの由来に対して，1980年近くになってようやく女性が行くようになったことを示しており，「地域の価値」の変化の兆しを示したものである。そして現代のひがし茶屋街は大きくイメージを変化させ，「カフェ」と「雑貨」と「女性」のまちとして記述されている。重伝建であることから建物自体は保存対象とされているため，空間面の環境はそれほど変化していないのだが，場所の解釈とコンテンツが劇的に変化したのである。こういった流れに対し，地域では金沢市長と住民の間で結ぶ「まちづくり協定」制度を用いて，ひがし茶屋街を含む東山ひがし地区まちづくり計画をつくった。その中には，「伝統的工芸品等専ら金沢にゆかりのある物品を販売するもの」「歩きながらの飲食〔中略〕をしてはならない。」[5] という文言を含み，コンテンツやふるまいとい

---

4) 当時のガイドブック『ブルーガイドブックス131 能登・金沢・北陸』（1979,実業之日本社）204頁から引用。ちなみに現在はトップページに特集されるこの地域に関する記述は当時は3行のみである。

5) 東山ひがし地区まちづくり協定から。https://www4.city.kanazawa.lg.jp/data/open/cnt/3/23720/1/10-3-1.higashigaido.pdf?20161027132316（2019年9月閲覧）

第Ⅰ部　現代資本主義と「地域の価値」

図表３－５◆観光客でにぎわうひがし茶屋街

注：筆者撮影

う視点からのオーセンティシティを守る動きを見せている。ただし，この計画の適用区域は定められており，区域のすぐ外側では金沢の文化と関係が薄い物品販売も見られ，この計画の意図したものとは外れた動きも起きている。

　このように，重伝建というその歴史的希少性から価値が高まり，丁寧に保存され，空間としてのオーセンティシティはむしろ改良されてきたような場所においても，その観光的魅力の高まりによって，「地域の価値」としてのオーセンティシティの個人的解釈は大きく変化していった。

② 　観光資源の理解とオーセンティシティ

　ガイドブックの表現にあらわれるものだけでなく，観光資源そのもののオーセンティシティ解釈のゆらぎについて，例として人口の1400倍以上の観光客を受け入れている[6]沖縄県・竹富島をとりあげる（坂村・内田，2019）。住民に

---

[6] 　ここではパンデミック前のデータで比較するが，竹富島の人口が365名（竹富町のデータから。2019年12月時点）に対して，コロナ前の2019年の年間入り込み客数が511,757名である。
　　人口：https://www.town.taketomi.lg.jp/administration/toukei/jinko/doutai/（2023年12月閲覧）
　　入り込み客数：https://www.town.taketomi.lg.jp/administration/toukei/kankonyuiki/1531308472/（2023年12月閲覧）

第 3 章 「地域の価値」を構成する要素としてのオーセンティシティとその解釈

図表3－6◆竹富島の景観

注：筆者撮影

比して観光客の数がきわめて多く，観光の視点が地域に与える影響は大きい。

　竹富島の最大の観光資源は，重伝建に選定された美しいまちなみである（図表3－6）。これらはオーセンティシティを体現しているように見えるが，社会政治的構造によって都市空間としてのオーセンティシティは時間軸で変化している。それを示す2つの例を挙げよう。第1に，道路の変容がある。現在も白いサンゴで覆われた道路は美しく，まちなみの重要な構成要素である。しかし，自動車が入るようになり道路幅の問題が顕在化する中で，1970年からの町の失業対策で拡幅された道路ができた（堤・西山，1998，161頁）。当時島内観光に用いられることで車が増加し，道路が拡がり，結果としてみちと建物の関係，「スケール感」はかつての姿とは異なるものとなった[7]。第2に，赤瓦のまちなみがある。赤瓦は重要な景観要素だが，1889（明治22）年までは一般庶民は瓦屋根を用いることを禁じられていた。これについても，「今日みるこの赤瓦の民家の屋根は，封建的差別をはねのけてまた民衆の力の向上の結果として定着し，普及したものである。竹富の民家の屋根は，このような社会的意味をもっているのである。」（財団法人観光資源保護財団，1976，37頁）という記述

---

[7]　財団法人観光資源保護財団（1976）に示された1975年当時のまちなみ調査結果から（財団法人観光資源保護財団，1976，34-36頁）。

第Ⅰ部　現代資本主義と「地域の価値」

がある。すなわち赤瓦は近代になって社会政治的につくりだした景観であり，一見客観的オーセンティシティにみえながらも，実は制度的な変化が創りだしたものだ。

　このように，観光資源そのもののオーセンティシティの変容は一見して読み取りにくく，現在目の前にある景観を個人的解釈で私たちはオーセンティシティと認識して見ているのである。それは，竹富島のようなオーセンティシティを体現しているかのような場所においても例外ではなく，観光客は結局のところ個人的に目の前の景観を解釈してオーセンティシティを判断しているのである。

5 | 「地域の価値」を構成する要素としてのオーセンティシティ

　本章では，既往研究からオーセンティシティの解釈は主体や側面によって異なり，かつ空間的要素だけではなく，そこにある文脈や文化，慣習，意味，生活というものと全体性をもって時間軸の中で形成されるものであると位置づけた。その上で，いくつかの不動産開発と観光の事例に着目して考察してきた。ここではそれを受けて，「地域の価値」を構成する要素としてのオーセンティシティの意味を改めて整理する。

　第1に，オーセンティシティの解釈の枠組みである。本章では，先行研究を参照しつつ，客観的／構造的（社会政治的）／個人的解釈があることを示した。こういった異なる解釈は併存して相互に影響し合う。また，Meyer（2018）がオーセンティシティの側面として3つのPを示したように，どの側面をオーセンティシティのコアとして解釈するかによって，評価は全く異なるものとなる。ひがし茶屋街の事例のように，空間は希少性から「正しい」再生や保存をされたとしても，コンテンツのオーセンティシティを保持することが難しいこともある。オーセンティシティは，その解釈の枠組みさえも，個別の状況や判断によるゆらぎがあるのだ。

　第2に，時間軸とオーセンティシティの関係である。時間の経過によって新たな「地域の価値」としてのオーセンティシティが形成されるケースがあり，

第3章 「地域の価値」を構成する要素としてのオーセンティシティとその解釈

例えば竹富島の事例で示したような制度や民衆力による景観の変化も，現在では客観的なオーセンティシティの一部となっている。このように，新しい空間やその演出も時間とともに解釈のゆらぎの段階を経て，次の「地域の価値」になっていく。また，時間軸はその「質」によってオーセンティシティという価値形成に寄与する。時間経過の「質」とは，変化のプロセスがいかに相互作用を呼び込んでいたか，もしくは漸進的であったのかということだ。例えば近江町市場のような漸進的な再開発であれば「無名の質」を再構築し，それほど長い時間を経ずとも「地域の価値」の形成へとつながる可能性もある。

　これらのように，「地域の価値」を構成する要素としてのオーセンティシティの解釈においては，複層的な側面が存在すること，それらが相互作用すること，そしてオーセンティシティの形成には時間経過の「質」とも関係してくるということがある。唯一無二の「地域の価値」である都市の「らしさ」＝オーセンティシティとは何かを考える上では，こういった点を理解する必要がある。

◆付記
　本章は内田（2020）をベースとして加筆したものである。

◆参考文献
内田奈芳美（2015）「日本における地方都市型ジェントリフィケーションに関する試論―石川県・金沢市での再投資と『目的地化』の地区分析から」『都市計画論文集』第50巻第3号，451-457頁。
内田奈芳美（2020）「都市のオーセンティシティのゆらぎと解釈」『地域経済学研究』第38号，17-26頁。
北崎朋希（2015）『東京・都市再生の真実』水曜社。
坂村圭・内田奈芳美（2019）「オーセンティシティの読み取り方に関する試論　竹富島をケーススタディとして」『日本建築学会学術講演梗概集』21-22頁。
財団法人観光資源保護財団（1976）『竹富島の民衆と集落―景観保全と観光活動に関する報告』。
新建築社編（2013）『新建築別冊　まちをつくるプロセス　RIAの手法』新建築社。
堤信一郎・西山徳明（1998）「伝統的集落における道路景観復元・整備と維持に関する研究：重要伝統的建造物群保存地区竹富町竹富島を事例として」『日本建築学会研究報告.九州支部』第37号，161-164頁。
山出保（2013）『金沢の気骨』北國新聞社。

第Ⅰ部　現代資本主義と「地域の価値」

Alexander, C.（1979）*The Timeless Way of Building*, Oxford University Press.（＝1993, 平田翰那訳『時を超えた建設の道』鹿島出版会。）

Bruner, E.（1994）"Abraham Lincoln as Authentic Reproduction: A Critique of Postmodernism", *American Anthropologist*, 96(2), pp.397-415.

Edensor, T.（1998）*Tourists at the Taj: Performance and Meaning at a Symbolic Site*, Routledge.

Gravari-Barbas, M. and S. Guinand, eds.（2017）*Tourism and Gentrification in Contemporary Metropolises*, Routledge.

Jamal, T, and S. Hill（2004）"Developing a Framework for Indicators of Authenticity: The Place and Space for Cultural and Heritage Tourism", *Asia Pacific Journal of Tourism Research*, 9(4), pp. 353-372.

MacCannell, D.（1973）"Staged Authenticity: Arrangements of Social Space in Tourist Settings", *American Journal of Sociology*, 79(3), pp. 589-603.（＝2001, 遠藤英樹訳「演出されたオーセンティシティ―観光状況における社会空間の編成」『奈良県立商科大学研究季報』第11巻第3号, 93-107頁。）

MacCannell, D.（1989）*The Tourist: A New Theory of the Leisure Class*, Schocken Books.

Meyer, J. R.（2018）"A Framework of Neighbourhood Authenticity for Urban Planning", in L. Tate and B. Shannon, eds., *Planning for AuthentiCITIES*, Routledge, pp.99-109.

Relph, E.（1976）*Place and Placelessness*, Pion.（＝1999, 高野岳彦・阿部隆・石山美也子訳『場所の現象学』ちくま学芸文庫。）

Wang, N.（1999）"Rethinking Authenticity in Tourism Experience", *Annals of Tourism Research*, 26(2), pp.349-370.

Wang, N.（2000）*Tourism and Modernity: A Sociological Analysis*, Pergamon.

Zukin, S.（2010）*Naked City: The Death and Life of Authentic Urban Places*, Oxford University Press.（＝2013, 内田奈芳美・真野洋介訳『都市はなぜ魂を失ったか―ジェイコブズ後のニューヨーク論』講談社。）

（内田　奈芳美）

第 **4** 章

生産から消費・文化への変容にみる「地域の価値」

1 生産から消費・文化へ

　地域は産業，文化，暮らし，自然など市民の営みの舞台であり，それらを投影した「表象の集合体」といえる。地域のかたちは時代を映し出す。経済や産業の盛衰により地域がどのように変容していくのか，地域が生産から消費の場へ転換していく過程に着目したい。生活・文化・消費の場への転換は時代を象徴するが，時間をかけて培われた特性がどのように積層し浸透していくかを知ることが，地域の「オーセンティシティ」を探ることにつながっていく[1]。

　地域と「オーセンティシティ」を巡る研究は建築や観光の分野で近年盛んに論じられている。地域の景観や機能が変容していく過程が捉えられ，その特徴を地域の盛衰の歴史や由来と併せて解釈していくということが一般的である。

1）　内田（2020a）は都市のオーセンティシティを観光のオーセンティシティと区別して考察し，都市のオーセンティシティを以下のように定義している。「客観的，構築的，個人的といった異なる分類のオーセンティシティの解釈を同じ空間で許容しながら，その解釈への「目」においてはホスト／ゲストの役割が混在し，都市への長い関与の時間の中で真／偽を超えた『馴染み』の感覚を持ち，常に『再解釈』の機会／危機を内包する」。なかでも，時間の経過によって地域に浸透していく「馴染み」という概念は重要で，観光の時間解釈より長く，地域で生活する者からの視点が立ち現れている。

第Ⅰ部　現代資本主義と「地域の価値」

その変容の過程に影響を及ぼしているのが地域の産業や経済であり，衰退と同時に消費のあり方や文化への志向も変化をみせ，場の意味をも変容させてきたといえる[2]。

　しかし，このような議論の出発点は人口減少が一般的になった現代に始まったことではない。地域経済の振興により，開発主義が地域を覆う中で，地域が持つ風土や環境を維持，継承していこうとする概念はすでに高度成長期終焉の1980年前後に盛んに議論されてきた。当時の時代背景には生産至上主義からの脱却，新たな消費社会や個人主義の模索があった。経済成長の陰りがみえ，近代化による発展を追いかけてきた日本は，21世紀にかけて個性を開花させていくべきではないかとの意識が芽生えつつあった。

　以下ではまず，当時の代表的な論説といえる山崎正和『柔らかい個人主義の誕生』を手がかりに「消費社会」を再考していきたい。

2 ｜ 『柔らかい個人主義の誕生』にみる消費社会

　文化的意識の高い近代的市民像を探求し続けた山崎正和は，真の「消費」とは何か，消費する個人の自我の芽生えを論じた。『柔らかい個人主義の誕生』（1984年）では，脱工業化社会のなかで消費する個人の個性を重視し，新たな消費社会において文化の可能性を説いた。日本は早くに近代化を遂げたものの，文化面では近代的市民になっていないと警鐘を鳴らした。そして，当時ブームとなった「地域の時代」を受け，国民の関心が国家から地域へ，より生活に近い環境へ移ったことを指摘した（山崎，1984）。

　「地域」は目的志向型ではないが，人間の帰属意識としてある。国家のよう

　2）　たとえばそうした生産から消費・文化の変容の一端はポスト産業都市に見出すことができる。象徴的な都市として，イタリアのトリノをあげることができる。トリノはフィアット社の企業城下町であったが，自動車産業の衰退と共に地域の性質を転換させた。市民の参加型政治によって都市政策が産業から文化重視へとシフトしていく。フィアットの拠点工場であったリンゴット工場を大規模にリノベーションし，スローフードの拠点や大学，劇場などの複合施設に生まれ変わらせた。地域を象徴する生産の場が今では生活や文化，消費の場となり，場所の性質が転換することによって，地域のイメージが変容していった。詳しくは，矢作・阿部編（2014），脱工業化都市研究会編著（2017），松永（2023a）を参照。

第4章　生産から消費・文化への変容にみる「地域の価値」

な目的志向型の帰属から「地域」へ帰属が変容することにより，国民の感情そのものが変わった。一元的なものから，多元的な関係へと変わろうとしている。社会全体が個人主義的な性格を強める条件が芽生えてきた。このように帰属が多元化することは，個人主義を獲得することにほかならないと，山崎はみなしている。ここに，地域＝国家ではない「公」と，個人＝組織ではない「私」の接点がみてとれる。

　産業化社会では，人間は「組織」に適合することが求められてきた。しかし，目的志向型の企業から離れ，組織の呪縛から解き放たれ，漂う個人の目的志向を排した結びつきが意味を持ちはじめようとしていた。山崎は，「個人の顔が見え，人間関係が重視される，小規模の柔軟な組織であり，社交の世界」として，これを「柔らかい個人主義の誕生」とし，同時代性を描写したのであった。そして，この柔らかい個人主義を確立させた消費社会を，物質的な消費欲求を超えて，時間の経過やプロセスを重視する消費社会の美学と捉えた。

　　要するに，人間の消費行動はおよそ効率主義の対極にある行動であり，目的の実現よりは実現の過程に関心を持つ行動だ，といふことが明らかになったといへる。いはば，消費とはものの消耗と再生をその仮の目的としながら，じつは，充実した時間の消耗こそを真の目的とする行動だ，といひなほしてもよい。

　　さうして，消費をこのやうに定義したとき，われわれははじめてそれを生産から明確に区別することができ，したがって，「消費社会」と生産優位の社会を対置して，そこに意味のある区別を立てることもできるだろう。すなはち，消費とは反対に，生産とはすべて効率主義に立つ行動であり，過程よりは目的実現を重視し，時間の消耗を節約して，最大限のものの消費と再生をめざす行動だ，と定義することができる。生産と消費とは，ものの消耗と再生といふ点では同一の構造を持つ行動であるが，前者はその目的のために過程を完全な手段と化し，後者は逆に目的を過程のために従属させる，といふ点で正反対の行動なのである（山崎，1984，167-168頁，原文のまま引用）。

第Ⅰ部 現代資本主義と「地域の価値」

脱工業化により，個人は目的志向の「生産的人間」から，時間の変化とその過程を重視する「消費的人間」へ変化していく。そして，個人主義も「硬い自我の個人主義」から「柔らかい自我の個人主義」へと変化していくとした。

自我の解釈が興味深い。自我のなかにもうひとつ自我がいるという点では同じだが，「生産する自我」が自己を超越しては見下ろして，その影響を断とうとするのに対して，「消費する自我」は，「自分が眺めるもうひとりの自分の満足に浸透」すると解釈する。ここに自我の客観性・垂直性から，自我の主体性・水平性への転換がみてとれる。さらに，生産する自我は「醒め」ており，消費する自我は「醒めながら酔って」いる自我，あるいは，生産する自我は「操作する自我」であるのに対し，消費する自我は「操作しながらものにまきこまれる自我」とも形容される（山崎，1984，208頁）。

消費する自我は，過程そのものを探求する自我であるとし，自己探求の個人が立ち表れつつあることを意味している。そして，生産する自我を「技術的人間」とし，それに対し，消費する自我を「藝術的人間」とした。生産する自我は信条を守ることが美徳とされるが，消費する自我は他人に対して柔軟にふるまい，控えめな自己主張をもち，「つねに一定のしなやかさを保ち，しかし，そのなかに有機的な一貫性を守ること」が美徳であるとされた。ここに，現代の消費社会で理想とされる人間像の一端がみてとれる。

山崎正和の「柔らかな個人主義」は政策提言や実践知としての土台の上に展開されていった面も持つのが特徴である。1979年，当時の大平正芳首相によって「地域の時代」という言葉は広く提唱され，「田園都市国家構想」としてまとめられた。現代にはみられない大きな思想が入った地域政策である。政策研究会の田園都市国家構想研究グループの議長を梅棹忠夫，幹事を山崎正和らが務めた。報告書は研究会の議論を元に起草しまとめられ，政府刊行物として刊行されたが，大平首相の急逝により幻の地域政策となった[3]。

なお，この頃，梅棹忠夫は独自の文化論に連なる「都市神殿論」をさまざまな媒体で発言していた。都市は神殿のようなシンボルであるべきで，経済や生産の場になってはならないという立場である。日本の一般的な都市の基本的性

---

3) 内閣官房内閣審議室分室・内閣総理大臣補佐官室編（1980）としてまとめられている。梅棹（1993）には田園都市国家構想の形成経緯が記されている。

格は，多くの住民が集まった居住空間に商業・交易を含めた産業がおこり，それが大きくなって生産的集落から都市ができてきた。しかし，梅棹は文明の歴史からこれを否定した。都市の機能は神殿であり，居住あるいは生産ではない。都市の本質は情報の交換と管理であるとした。梅棹忠夫の「都市神殿論」は明快であり，「田園都市国家構想」にもそうした梅棹の思想が大きく反映されている。国の地域政策としては幻となったが，実行面では関西でかたちをなしていった。経済界と学術界が結びついて関西文化学術研究都市や大阪万博の跡地に民俗学博物館が造られた。関西で梅棹の都市思想が具現化していったのであった。

3 ┃ 京都・西陣にみる産業・生活・文化の変容

3.1 職住一体の地域の変貌

　山崎が言うように，生産とは「すべて効率主義に立つ行動であり，過程よりは目的実現を重視し，時間の消耗を節約して，最大限のものの消費と再生をめざす行動」，消費とは「ものの消費と再生をその仮の姿としながら，じつは，充実した時間の消耗こそを真の目的とする行為」と定義すると，時代による地域の変容のさまが立ち上がってみえてくる。目的の実現よりは実現の過程に重心が移る。

　こうした生産から消費への変容の過程を京都・西陣の例から考察してみたい。生産の場と生活の場が一体である地場産地ほど，消費社会への変容は，職住の一体性で織りなしていた場に影響を与えることになる。

　西陣は織物の生産地帯であり，かつては職住一体で生産と生活が融合する場であった。小さなエリアに親機（おやばた），賃織業者，下請業者，室町通りには問屋街が軒を連ね，関連業者が一体となって産業が完結していた。生産の場であると同時に消費・生活の場であり，まわりに商店や花街など歓楽街も同時に発展してきた。西陣では家内の製織は営みの延長で，住むことと仕事の場が一体であり，その家屋の連なりや道なりがひとつの景観と文化を織りなしていた。

　片方（1995）は西陣の生産と住まいの変容に着目し，建築やまちづくりの観

第Ⅰ部　現代資本主義と「地域の価値」

点から考察している。1つの住まいの中で生産と生活の営みがあり，地域の広がりの中で職住関係がかたちをなしていた。そのさまを，まちづくりのよりどころとすべき原則の多くを内在させているのではないかと指摘し，建築やまちづくりに関わるものにとって，この辺りが魅力であるとした。つまり，産業集積を生産機能や市場原理だけでなく，住まいやまちづくりの魅力となる要素が西陣には内在してきたとみている。

　住まいが表通りや小道を介して地域内で複合して，生活と産業の営みが一体的な産業集積を形成してきた。だが，生産の変容は住まいや町並みのかたちを変えていった。西陣には機屋建てと呼ばれる家屋の形式がある。機を据えつけるため天井のない部屋を置いていた。量産化には機を増やして敷地内を工場化していった。住空間が生産機能を拡大すると共に商業機能が拡大し，生産地も西陣の外へと移っていった。次第に自動織機が導入され効率的な生産形態が確立し，さらに1990年代にバブル崩壊や不況が重なり，和装市場が縮小するなかで西陣の産業構造が変わっていく。手織りから自動織機が入るようになって，親機の機能が丹後地域に移っていった。より土地や労働力の安いエリアに自動織機を導入し，生産の場は同じ京都府内とはいえ広域化していった。2000年代に入ると海外生産をおこなう業者も出始めた。親機の機能も変わり，生産ではなく問屋の機能を持つようになり，それまでの分業構造のバランスが崩れるようになっていった。

　西陣織の出荷金額をみると，1975年2051億円，1990年2794億円がピークで，2005年708億円，2022年220億円であり，1975年の10分の1の規模にまで減っている[4]。織機など設備台数の変遷も生産量に概ね比例しており，2022年は2652台で1975年を基準とするとやはり10分の1を下回っている。地区内と地区外の設備台数を比較すると，地区外が地区内を上回るのが1990年から2008年であり生産量拡大と共に生産は地域外へ広域化したが，次第に縮小し近年は再び地区内の生産の方が上回るようになってきている。

　1990年代，変化の大きかった時代の西陣の様子を描き出した住生活研究所編（1995）は，生産の範囲が広域化して産業構造が変わることによって家や町並

4）　西陣織工業組合（2021）『西陣生産概況 令和3年』。生産台数は西陣織工業組合が承認した台数であり，各年12月末時点である。

58

第４章　生産から消費・文化への変容にみる「地域の価値」

図表４−１◆西陣の風景

注：2022年10月3日，筆者撮影

みまで変わってきたことを考察している。親機の町家には生産に使うような家屋の構造があった。たとえば採光のための天窓や通り庭，引き出しのついている階段などである。それらは生産段階での産業構造を端的に表しており，大きな親機の建物は権威の象徴でもあった。

　産業構造の変化が地域内の分業のかたちだけでなく，家屋や住まいのかたちまでをも変え，総体として町並みを形成していた。しかし，親機が問屋の機能を持つようになり，生産の場を他に移して，問屋のような陳列や商機能を持つように変化していく。そうすると機屋建ての家を維持するコストを負担できなくなり，ビルやマンションに変貌を遂げていくところもあった。また，生産の場と生活の場を切り離し，住居となったところも少なくない。廃業して土地を売らざるを得なくなったことも生産から消費社会の変容を表している。

　西陣のような地域は，生産や生活の場だけでなく，文化や景観を創り出してきた。産業構造が変わり，生産のバランスが崩れることによって生活様式や景観も追随して変容した。生活と産業と文化が一体である地域は少なくなり，市場原理によって切り離された結果，住まいだけの場が生まれることになった。

59

第Ⅰ部　現代資本主義と「地域の価値」

　このように，京都の景観を特徴づけてきたのは，職住一体という形態にある。
ものづくりの生産と生活が密接に絡み合っていたからこそ，京都の街並みが形
成され保全されてきた。

　都市景観，広義には在来産業がまちに根付いてきた場は職住一体の「文化，
社会，産業の総体」と捉えられる（住生活研究所編，1995）。しかし，産業が
空洞化していくことによって，その地に根付いてきた文化や社会のかたちも変
わることになる。そのかたちを市場原理にさらすと地域の由来と切り離されて
場の形質が浮遊し空洞化していった。結果として，生産の場が他地域やグロー
バルに移転してゆき，「文化，社会，産業の総体」を備えているまちはほとん
どなくなったといってよい。

　生産機能は薄れても，かたちを変えて地域はあり続けていく。リノベーショ
ンをつうじて私有だった生産の場がカフェなどのオープンな場に転換する。生
産者や事業者，住民によって形成してきたまちを衰退のフェイズに差しかかっ
た折に「私有財産」だけでなく「公共の財産」として保全に向け町家保全の動
きも活発になっていく。

3.2　文化，社会，産業の総体としてのまち

　京都・西陣は，生産の場が後退していくと共に，消費の場の性質を帯びてき
た。改めて山崎（1984）を引くと，消費とは「ものの消費と再生をその仮の姿
としながら，じつは，充実した時間の消耗こそを真の目的とする行為」と定義
している。さらに，生産する自我が，機械に近い存在であったのに対して，消
費する自我は「もっとも非機械的な，したがってもっとも人間的な存在」とし
た。さらに，生産する自我を「技術的人間」，対して消費する自我を「藝術的
人間」とした。その「消費する自我」は他人に対して柔軟にふるまい，控えめ
な自己主張，常に一定のしなやかさを保ち，そのなかに有機的な一貫性を守る
ことが美徳であるとされた。

　こうした人間像の変容を前提に，地域やまちの変容から捉えると，そのさま
が具体に顕現してくる。まちを保全し，まちの由来を継承していこうとする態
度と共鳴し合う。現代のまちや面としてのリノベーションを特徴づける。生産
の場が空洞化したことにより，まちに隙間ができ，そこに新たな店や人が集積

60

第 4 章　生産から消費・文化への変容にみる「地域の価値」

することにつながっていく。これが住居としての機能だけだと空き家問題となり，住宅問題としてしか回収されなくなる。

　まちの商機能やコミュニティの場となりさまざまな人の集う場と変容しつつある。現代のコミュニティのかたちを象徴している。西陣エリアには古くからの家屋兼工場や商機能が縮小しつつも，新たなかたちに新陳代謝を生みながらも，京都らしさの価値がいったん崩れかけた時期もあったが，人びとの営みが「消費する自我」「藝術的人間」と重なり合うように地域自体も変容を遂げている。

　現在でも西陣は通りを歩くと，織りの音が通りに響いており，ひとつの産業集積を維持している。非木造住宅や低層のビルもあるが今では馴染んで共存している。内田（2020a）は，金沢のオーセンティシティを探る中で「由来」と「馴染み」という言葉をキーワードに時間軸を織り込んで解釈している。町家でない普通のビルが地域の資源として活用され，「由来」や「馴染み」によって空間が再解釈される。同様のことが西陣でもみられる。西陣織の事業者があり，リノベーションした町家や家屋は住居のほか，カフェやゲストハウス，職人技の光る工房，ニッチな食の提供の場などとして継承されている。その合間に非木造の低層の西陣織関係のビルや住居も混在し馴染んでいる。

　西陣周辺やその縁辺エリアは，老舗店はいうまでもなく，新旧のクラフト的なものづくりが根付いている。例えば，大宮通りを北から南に新大宮商店街や並行する通りを歩くだけでも，店や家が交じり，町並みと同じ目線で寺社が現れ，その脇に公園が点在し，景観の統一性とまちの多様性のさまを感じ取れる。古くからある小学校なども同じ目線の高さで連なる。最近では町家がデイサービスや放課後サービス，保育所などとして使われている例も少なくなく，高齢者や子どもも包摂している。

　京都は銭湯も比較的残っており，大正創業の料理旅館の付属浴場をルーツとする船岡温泉や銭湯をリノベーションしたカフェなども西陣の象徴となっている。船岡温泉には漆塗り天井に牛若丸と鞍馬天狗の彫刻があり，透かし彫りの欄間が脱衣場を囲む。また双方の銭湯にマジョリカタイルも残されており，受け継がれてきた手工業や建造物が活かされている。公共の生活空間が観光や外部に開かれることによって，西陣は伝統を活かし新たな消費や文化の象徴を織

61

第Ⅰ部　現代資本主義と「地域の価値」

りまぜながら地域として継続している。京都市は「西陣を中心とした地域活性化ビジョン」を2020年に策定し，西陣の地域の特色を「温故創新・西陣」として，伝統文化や産業の歴史をベースにしつつ，新たな変革を生むための風土づくりをしている。

3.3　公共の財産としての景観

　京都は住民や行政によってまちなみを維持してきた。ひとつは，2004年の景観法の施行後，全国に先駆けて2005年に制定された京都市景観計画によって京都らしいまちが保全されてきた。京都の風土や伝統文化をまちレベルで保全するために，「守り」「育て」「創り」「活かしていく」ことが基本理念に据えられている。盆地景の自然景観，伝統文化の継承と創造，日常の暮らしや生業から醸しだされる京都ならではの雰囲気などを景観保全と一体で創出している。新旧まちの職住の機能が入り混じり合い，京都らしさを形成している。東に行けば南北を貫く賀茂川（鴨川）にあたる。目線を上げて見渡すと盆地景が立ち上がる。景観としては京都らしさの美学が保たれつつも，町家の再生などをみると業種や用途の入れ代わりがみられ新旧の多様性が備わっている（宗田，2009）。こうした京都ならではの景観を「公共の財産」と定め地域の価値を共有している。

　では，「公共の財産」の基準はどのように作られるのか，その判断の基準が地域の価値を共有できる場合はよいが，それがあいまいな場合や「公」から「私」への過度な押しつけがある場合，対立を生んでいく。最近では，オーバーツーリズムによって観光地が過度な消費による市場原理にさらされる時代となっている。かつては「公」の意識が未熟で「私」が目立つことで審美性を欠くとされたが，現代ではその「私」の領域に観光が入ることによって過度に浸食されると，生活に根付いた「公」の維持が難しくなってしまう。オーバーツーリズムがみられる場所ではそのような基準を維持することは容易ではない。職住一体の生活空間は変容したとしても，町並みを保全しながら観光に開かれるなか，新たなかたちで「文化，社会，産業の総体」が模索されることになる。

4 生活的景観の価値

　京都・西陣にみるように生活的景観が観光の価値を高める要素となっている。生活的景観が立ち現れるさまを示したのが**図表4－2**である。ここにはまず，内側から見た「定住者」の視点と，外側から見た「旅行者」の視点がある。ここでいう「景観」とは眺めのことであり，定住者と旅行者それぞれの価値観で認識されることによってはじめて「風景」が生じるとされる。ただし，直線関係にある旅行者による「探勝的景観」は実際に存在するというよりも心象風景にすぎない。一方，定住者による「生活的景観」についても，他地域と比べることなしに意味づけすることはできず，実際には成り立つものではない。ここで重要なのは，斜線のねじれた関係であり，旅行者，つまり地域の外側にいる者が見出した風景である。旅行者が「生活的景観」に何らかの意味を付与することによって，「風景」が立ち現れる。外から価値を与え，それがさらに他者に追体験されることによって「風景像」がかたちをなしてくる。風景は「個人的な体験による価値が共同化されて成立するもの」であり，そこには風景の社会的な側面や役割が見出されることになる（中川，2008，29頁）。

　つまり，その場の価値を共有するということは，時代性や社会性と密接であるということである。時代の転換期，地域に根付いてきた産業や技術は変容しつつもその要素を受け継ぎ，自然風土と産業・営みの共生像をどのように追い求めていくことができるのか。単に，経済面だけ，生産構造だけに着目するの

図表4－2◆風景概念図

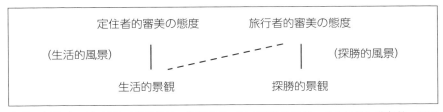

出所：中川（2008）28頁（元資料は，勝原文夫『日本風景論序説―農の風景』論創社，1979年）より作成。

第Ⅰ部　現代資本主義と「地域の価値」

ではなく，自然と人間が共生する暮らしの営為を受け止めていくことが求められる。西陣のような職住一体の地域はそれらが入り混じる場であり，経済の機能は変われども景観や生活文化などの価値は受け継がれている。

　これは山崎のいう「技術的人間」から「藝術的人間」への転換，「生産する自我」から時間や過程を重んじる「消費する自我」への転換につうじる。単に産業構造の変化をみるだけでは分かりえず，風景や景観など時間をかけて積層して醸し出す雰囲気も含めて地域を捉えていく必要がある。地域は社会経済面だけでなく，受け継がれてきた生活や産業を集合体として，包括的に文化として捉える見方が求められる。そのように「地域の価値」を理解して，地域政策や地域づくりの思想が形成されていくことを期待したい。

◆付記

　本章は，松永（2023a）第5章の一部を元に加筆修正したものである。文献には，本文中で言及していないものを含めて掲げた。

◆参考文献

内田奈芳美（2020a）「都市のオーセンティシティとは—その定義と，観光関連の土地利用が示す変化」『観光学評論』第8巻第2号，123-137頁。

内田奈芳美（2020b）「都市のオーセンティシティのゆらぎと解釈」『地域経済学研究』第38号，17-26頁。

梅棹忠夫（1993）『梅棹忠夫著作集第21巻　都市と文化開発』中央公論新社。

片方信也（1995）『「西陣」—織と住のまちづくり考』つむぎ出版。

片方信也（2007）『西陣—織りのまち・京町家』つむぎ出版。

蕭耕偉郎（2023）「人間中心のまちづくりから考える『地域の価値』の本質—福岡県糸島市の事例を踏まえて」『地域開発』第647号，7-13頁。

住生活研究所編（1995）『蘇る都市—職人のまち西陣から新しい市民のまちへ』学芸出版社。

脱工業化都市研究会編著／大石尚子・岡部明子・尾野寛明・清水裕之・白石克孝・松永桂子・矢作弘・和田夏子・M. ボルゾーニ（2017）『トリノの奇跡—「縮小都市」の産業構造転換と再生』藤原書店。

内閣官房内閣審議室分室・内閣総理大臣補佐官室編（1980）『田園都市国家の構想　田園都市構想研究グループ』大蔵省印刷局。

中川理（2008）『風景学—風景と景観をめぐる歴史と現在』共立出版。

中村良夫（2010）『都市をつくる風景—「場所」と「身体」をつなぐもの』藤原書店。

松永桂子（2023a）『地域経済のリデザイン—生活者視点から捉えなおす』学芸出版社。

松永桂子（2023b）「特集にあたって」「まちづくりのリデザインと『地域の価値』」『地域開

発』第647号，1-6頁。

宗田好史（2009）『町家再生の論理―創造的まちづくりへの方途』学芸出版社。

山崎正和（1984）『柔らかい個人主義の誕生―消費社会の美学』中央公論新社。

山納洋（2023）「パタン・ランゲージからはじまるまちづくり」『地域開発』第647号，24-28頁。

矢作弘・阿部大輔編（2014）『持続可能な都市のかたち―トリノ，バルセロナの事例から』日本評論社。

除本理史（2020）「現代資本主義と「地域の価値」―水俣の地域再生を事例として」『地域経済学研究』第38号，1-16頁。

除本理史（2023）「現代資本主義における『地域の価値』とは」『地域開発』第647号，50-53頁。

除本理史（2024）「書評　松永桂子著『地域経済のリデザイン―生活者視点から捉えなおす』」『地域経済学研究』第45・46合併号，55-58頁。

（松永　桂子）

第Ⅱ部

「地域の価値」をどうつくるか

第 **5** 章

地域の木の価値づけを通した
家具産地社会の再構成

1 はじめに

　SDGs，カーボンニュートラル，脱炭素といった用語が日常的に見聞きされるようになった。自然環境との付き合い方は社会や経済において重要な問題となっている。その中で，木は二酸化炭素の吸収や炭素の固定という役割が注目され，戦後に植林された人工林が伐期適齢期を迎えつつあるという森林環境の背景もあり，政策的サポートを得ながら国産の木は建築物などにおいて積極的に活用され始めた。しかし，積極的な木づかい運動のなかで利用される木は，戦後復興の建設ラッシュによって需要が急増し，建築の材料として国家の拡大造林政策によって人工的に植林されたスギやヒノキの針葉樹である。

　一方で，木には針葉樹のほかに広葉樹がある。広葉樹は主に家具製品に利用されるが，日本林業が針葉樹を中心として発展してきたこともあり，広葉樹は主に天然更新に依存し，広葉樹の産地は北海道や東北などの一部地域に限られている。このような森林や林業の国内事情に加えて，地産地消への取り組みやコロナ禍におけるウッドショックの影響もあり，家具における地域産広葉樹の利用が取り組まれるようになった。しかし家具業界においては，まだまだ外国からの輸入材に大きく依存しており，国産材に関しても北海道や東北の一部地

第Ⅱ部 「地域の価値」をどうつくるか

域の広葉樹の流通が多い。そのために，広葉樹産地ではない地域では，地元の広葉樹を使った家具づくりについてはまだ品質や流通の面において積極的ではない。そこでは，森林業に関わるプレイヤーたちが地域の木を使うことによるコストや製品への価格転嫁に対して意味や価値を見出していないということも大きな問題である。裏を返せば，消費者が商品としての家具に対して，自然的なものである木そのものの情報を購入の重要な評価基準に置いていないと言うことができる。

　そもそも，地域産業の誕生の起源の１つとして，その地域に豊富な自然資源が存在したことがある。しかしながら，資本主義経済の下で経済成長を追求した人間は自然を一方的に利用し，国内資源が不足すると海外からの輸入を増大させた。家具の原材料である木材についても同様であった。その結果，国内の木材自給率は1950年代後半以降下がり始め，2002年度には18.8％まで低下した。その後，政策的運動もあり，木材自給率は約40％まで上昇してきたが，その運動の中で積極的に利用されている樹種は針葉樹であり，家具に使われる広葉樹はそうとは限らない。しかし，先述したように，家具においても国産材や地域産材の広葉樹の利用が近年，各地域において取り組まれている。このような背景を受けて，本章は家具における地域産材の利用，とりわけ日本有数の家具産地であるが広葉樹産地ではない静岡での取り組みを取り上げながら，地域の木を活用する意味やその価値について考察することが目的である。

2 ｜ 家具産地における地域の木の再配置

2.1　地域の木から創り出す家具の価値

　家具の価値とは何かと問われると，一般的にその製品の価格が頭に思い浮かぶであろう。しかし，その他にも生活道具として使う際の機能性，インテリアや作品としてのデザイン性や芸術性，強度や素材などの品質性や安全性など多様な価値基準があり，買い手だけでなく作り手もまたそれぞれの視点から家具を評価する。本章は，家具の素材，中でも自然資源である木に着目して家具の価値を考える。経済成長を目指した戦後資本主義経済の中で，木が持つ自然の意味や価値は商品化経済に取り込まれ，価格という経済的価値に還元された。

家具の場合，森林資源の1つである木は森から伐採・搬出され，板などの木材に加工され，家具という最終製品が出来上がるプロセスの中で，木は経済的価値を獲得する。さらに，資本主義経済の下で，木材流通がローカルな互酬的取引から匿名的なグローバルな市場取引へと拡大するにしたがって（大倉，2017），経済的価値を創出するための木の利用が加速した。そのプロセスにおいては，木は家具という製品の原材料として利用され，外国の木も，日本の木も，地域の木も並列的に，材料の質や価格という視点から価値が評価されるようになった。結果として，質的にも価格的にも競争力のある外国産材が多く流通するようになり，必然的に日本の木材利用は外国産材に依存するようになった（三俣・齋藤，2022）。このように経済的利益の獲得を求めて一方的に利用を進めた自然資源である森林との関係を作り直すことは，現代資本主義経済が抱える大きな社会的課題である。本章は，それを解決するための1つの出発点として，地域の木の価値に注目し，再評価する。

　家具づくりの現場を聞いて回ると，家具産地であっても地域の木（あるいは地域産材）は，よい材ではないとか，利用価値が低いという意見がよく聞かれる。しかし，そもそも良質な材として今日評価が与えられている木が初めから良質な材であったのであろうか。経済学では長らく価値づけの対象として物質（モノ，things）を焦点に当て，価格といった数量的な尺度で評価してきた。しかし，価格に還元される経済的価値は数ある諸価値の1つにすぎず，その他の社会的諸価値と経済的価値を相互補完的に捉えることの必要性が指摘される（第2章参照）。

　コンヴァンシオン経済学の指導的研究者であったエイマール-デュヴルネは，社会においてある価値が様々なプレイヤーの間で共有され，個々人が意識的に関心を持ち，その達成に向けて行動するように合意形成を構築するためには，制度や仕組みと言われる構造化された環境を形成する必要があると指摘する。個人，制度（環境），共有された価値の関係性について，彼は企業の例を挙げながら「個人はもはや企業の土台ではなく，個人が企業によって形成される。〔中略〕価値は，知識のように，環境によってもたらされるものであって，（効用関数によって定式化されるような）個人にあらかじめ与えられているものではない。このような前進は，われわれが制度について語ることを可能にしてく

第Ⅱ部 「地域の価値」をどうつくるか

れる。かくして，われわれは構造化された環境を，共通目的，共通価値，共通善によって指し示す」（Eymard-Duvernay, 2004, p.71）と述べる。

ここで，エイマール–デュヴルネが示す「個人―制度・環境―共有された価値」の関係性に照らし合わせて，家具づくりにとっての地域の木の位置づけを考える。日本の木材利用は，戦後以降，国内自給率が低く外国産材に依存してきた。とりわけ家具等に利用される広葉樹は日本では雑木として扱われることが多く，天然更新に依存するように広葉樹の林業も進んでこなかった。国内および各地域における広葉樹利用の経済的および社会的環境が作られなかったことによって，広葉樹産地の一部地域を除いて，家具づくりにとって地域の木（広葉樹）は，良質な材として価値が共有されてこなかった。これまでの家具づくりの歴史を通じて，今日，良質な材と言われる木のほとんどが外国産材か日本では北海道産材および東北の一部の地域産材である。しかし，北海道産の木も初めから良質な材として正当な価値が与えられていたものではなかった。加えて，北海道においてもまだまだ定番の樹種に利用が偏っており，未利用あるいは低利用の広葉樹が多く存在する。つまり，地域の木の活用に関する問題は，その利用のための構造化された仕組みがないことと同様に，そもそも地域の木を使うことが産地にとってなぜ意味があるのか，地域産材活用のプロセスの出発点において地域の木そのものが共有された価値になっていないことが本質的な問題でもある。

北海道は日本最大の広葉樹産地であり，旭川地域は日本の五大家具産地の1つとして戦後，発展した。しかしながら，初めから北海道産材が良質な材として評価が与えられ，その恩恵を受けて旭川地域が日本有数の家具産地として成長・発展してきたかといえばそうではない。良質な材とは所与ではなく，地域の木を使うことに意味を見出し，それを活用するための仕組みが構築され，構造化された環境の中で一人ひとり（作り手や買い手）が地域の木や地域産材製品の価値を認識し，その価値を高めていくことで，良質な材が作られていく。その1つの事例として，次では，地域の木が産地の家具づくりやその製品を象徴する要素となるまでのプロセスについて，家具産地・旭川の経緯を概観する。

2.2　家具産地・旭川における道産材の位置づけの変化

　日本には，五大家具産地と呼ばれる地域があり，南から大川（福岡県），府中（広島県），飛驒・高山（岐阜県），静岡（静岡県）そして旭川（北海道）である。旭川地域のある北海道は，国内の広葉樹素材生産量のうち，約3分の1を生産する。旭川地域では，ミズナラを始めとして北海道産材（以下，道産材）が使用され，日本の家具づくりにおいても道産材は良質な材として好んで使用される。しかしながら，ミズナラなどの道産材が当初から家具にとって良質な材として旭川だけでなく日本の家具づくりにおいて評価されてきたわけではなかった。

　そこで，旭川家具にとって道産ミズナラ材が産地を象徴するシンボル的存在となるまでの歴史的経緯を簡単に振り返ってみたい。旭川家具産業の発展の歴史をまとめた木村（2004）は，「旭川家具を理解するためには，中心素材であるナラ材の性質や評価の理解なしに旭川家具を語れない」（42頁）と述べる。1890年（明治23）に旭川村が誕生したが，旭川地域が開拓される前，旭川が位置する上川盆地は原始林に覆われた森林資源が豊富な土地であり，ミズナラのほかにも，シラカバ，セン，シナノキ，イタヤカエデなどの広葉樹に覆われていた。しかし，これら広葉樹は雑木として取り扱われ，鉄道の枕木や燃料用の材料としてしか利用されていなかった。一方で，北海道のナラ材は，海外では高く評価されており，明治時代からアメリカやヨーロッパに輸出されていた。

　旭川地域の家具づくりにおいてナラ材が象徴的存在になっていくのは，家具産地として本格的に形成されていく1960年代後半に入ってからであった。そのきっかけの1つが，旭川市が実施した木工青年の海外派遣技術研修生としてドイツ（当時の西ドイツ）に派遣された長原實のヨーロッパでの体験であった。長原は，今日の家具産地・旭川のリーディングカンパニーであるカンディハウス（当時はインテリアセンター）の創業者であり，家具産地発展の先導者でもあった人物である。さて，長原は1963年（昭和38）3月から研修生としてドイツに派遣されたが，休暇中に訪れたオランダの港で輸入木材置き場で山積みになった北海道産のナラ材に出会い，さらにデンマークの家具メーカーで道産ナラ材で製作された見事な椅子を目にした（川嶋，2002）。帰国後，長原はイン

第Ⅱ部 「地域の価値」をどうつくるか

テリアセンターを立ち上げ，ナラ材を中心に道産材を使った家具づくりを始めた。折しも，変動相場制への移行により円高が進み，ナラ材の海外輸出が停滞する一方で，旭川地方のナラ材価格は下落し，旭川家具産業にとって道産ナラ材の使用を容易にしたことも後押しをした（木村，2004）。以降，旭川地域の家具の各メーカーでは道産ナラ材を使用した家具が作られ，見本市などの展示会で評価されるようになると，ナラ材という北海道の木は旭川家具の個性やイメージの確立において重要な要素となった。

　その後，道産ナラ材の不足や外国産ナラ材の輸入により，旭川家具のシンボル的要素であったナラ材などの道産材の使用比率は下がった。しかし，約10年前の2014年，北海道の広葉樹を活用した家具づくりを推進する「ここの木の家具・北海道プロジェクト」（旭川家具工業協同組合）がスタートした。その時点で，旭川家具工業協同組合に所属するメーカーの道産材使用比率は26.9％であった。しかし，ここの木の家具・北海道プロジェクトを始め，旭川地域では北海道の森づくりと結びついた家具づくりを再び進めていく中で，ミズナラだけではなく，これまで家具材としてほとんど利用されてこなかったシラカバ，ハンノキ，センノキなどの樹種も含めた地域産材としての道産材が再び旭川家具の理念やイメージを伝える重要な要素となってきている。

3 ┃ 家具産地・静岡における地域の木の活用の取り組み

3.1　分業制にもとづく産地としての発展と課題

　静岡市を中心とする静岡県中部地域は，旭川地域と並んで日本の五大家具産地の１つとして位置づけられ，静岡は鏡台の産地であったというイメージが強い。静岡県家具工業組合の調べや伊東（2008）によると，家具産地・静岡（静岡家具）のはじまりは，江戸時代初期1634年（寛永11），静岡浅間神社を徳川家光が造営する際に漆工，大工，指物師，彫刻師などの職人が全国から集められ，これらの職人たちが完成後も静岡に定住したことに端を発する（伊東，2008）。その後，静岡の気候が漆芸に適していたこともあり漆器づくりが盛んになり，宮大工や指物師の生産技術と結びついていったことで，静岡では鏡台づくりが始められた。明治になり西洋諸国から洋家具が輸入されるようになる

と，洋家具を参考にそれまでの静岡の独自の技術を活用して西洋鏡台が作られ始め，鏡台の産地として発展していくことになった。

　今日，静岡は箱物から脚物まで幅広い商品を生産できる「総合家具産地」であることが強みと言われる。そこには，伊東（2008）や業界関係者へのヒアリングによると，家具産地・静岡の構造的な特徴があり，多様な木工技術者や部品・機械メーカーが集まって，川上から川下までの製造工程において分業制という社会的生産の地盤が築かれたからである。結果として，静岡に仕事を頼めば，何でも対応できる，対応してくれるという総合家具産地としてのポジティブなイメージを作ることに成功した。しかし，こうした分業制のもとで築かれた産地の社会的関係性は，産地をめぐる状況が時代とともに変化する中で，1つの集合体としての産地のあり方の課題へと変わっていった。例えば，数社の国内外の量産工場をもつメーカーに対して，多数の小規模メーカーという産業構造の二極化が進行している。また分業制のもとで下職と呼ばれてきた加工業者が一貫生産メーカーへと転換していき（伊東，2008），親請けとしての家具メーカーと下請けとしての加工業者のバランスが崩れ始めてきた。さらに近年では，技術者の高齢化も進み，メーカーだけでなくそれらを支える加工業者の後継者問題も顕在化し，分業制を支えてきた土台が揺らぎ始めている。

　総合家具産地という特徴は，取引先など顧客にとってはメリットとして働き，静岡という地理的要因も味方をし，家具市場の成長局面では静岡に仕事を呼び込み，分業制は有利に機能していた。しかしながら，木製家具の市場は縮小し続け，国内外の低価格な大量生産・大量販売のメーカーが進出するに伴い，木製家具製造品出荷額は1990年代から大幅に減少し，近年も停滞気味である。分業制にもとづく総合家具産地という体質は，家具産地として静岡で家具づくりが盛んに行われてこその強みであり，分業制を支えている多様なプレイヤーが活躍するためには，外に向けて産地としての魅力や強みを発信し続けることが必要である。しかし，産地全体の色やイメージやブランドを創っていくためには，企業規模の違い，メーカーや下職という分業的な立場の違いを超えて，一人ひとりが産地という集団を構成する一プレイヤーであることを認識し，加えてプレイヤー間において面としての協働的な社会的関係を再構築することが求められる（伊東，2008）。

第Ⅱ部 「地域の価値」をどうつくるか

　そうした中，静岡の身近な木の活用を1つの共通した問題意識として認識し，木材の流通プロセスや家具づくりにおいて川上から川下までという森林から市民の暮らしまでを文字通り，川の流れのようにつなげようとするプロジェクトが生まれた。それが，次に紹介するヨキカグ・プロジェクトである。

3.2　ヨキカグ・プロジェクトと身近な木の家具
──ものづくりからの価値づけ

　ヨキカグ・プロジェクト（以下，ヨキカグ）が本格的にスタートしたのは2020年秋であり，筆者自身も立ち上げから関わっている。ヨキカグという名前には，次の2つの意味が込められている。第1に，昔から木こりは自然への感謝と謝意を表するために地水火風の「四つの気」である4本線を斧に刻み，斧はヨキと呼ばれてきた。このプロジェクトの原点は，静岡という地域の中で育った一本一本の木に対して愛着と敬意を込めて家具づくりに取り組むことである。第2に，身近な木を活かして，使う人にも愛着を持って長く使ってもらえるような良い家具を作りたいという思いが込められている。

　その実現において静岡という地域が抱える大きな課題が，県産広葉樹の流通である。家具には主に広葉樹が利用されるが，静岡県は日本の三大人工美林の天竜スギで有名なように，林業が盛んな地域である。しかし，日本の林業は，戦争や自然災害などに対応するために大量の木材の安定供給が求められ，戦後の高度経済成長においてさらに拍車がかかり，成長の早いスギ，ヒノキ，カラマツなどの針葉樹を中心とする人工林林業が発展してきた（関岡，2016）。実際に，農林水産省「木材統計」（令和4年度）によると，静岡県の樹種別素材生産量の99％がスギやヒノキを中心とした針葉樹であり，広葉樹は1％（2,000㎥）を下回っている。そして，その広葉樹のほとんどは木材チップ用として使われる。したがって，ヨキカグの何よりもの挑戦は，家具産地である静岡において地域の広葉樹の流通を作ることである。そのためにも，家具づくりの上流である山（森）側との関係性づくりが要であり，木こりを生業とするメンバーがヨキカグのディレクター的役割を担う。木こりが持つ情報網を核にして，ヨキカグで活かされる木は，森で育った木だけでなく，街路樹や支障木など街で育った木もある。そして，家具づくりの源流である森や林業を出発点に，製材

所，デザイナー，家具メーカー，プランナー，大学研究者，行政関係者がつながり，身近な木を活かし，家具というモノを通して作り手と作り手，作り手と使い手，さらには人間と自然をつなげることで，家具産地であることの優位性や意味，身近な木を使った家具の価値を創り出そうとする。

　しかし，ただ単に森・山から消費者までのストーリーを作って，地域の木の活用を推進するということだけが目的ではない。広葉樹産地ではない静岡県では，地域の広葉樹の木は安定的に調達できるものでもないし，街路樹，支障木，そして林業現場において針葉樹の皆伐などに混じって少量出てくる程度である。さらには，曲がっていたり，短かったり，名前も聞いたことのない木だってある。だからこそ，これらの木をこれまで利用されていた樹種の代替材として扱うのではなく，また良質ではない材としてただの社会的貢献として利用するのではなく，一本一本の木の状態や個性を見極めながら，山での伐採・造材，板にする製材，そして製品にするデザインおよび家具製作まで人と人とが1本の木を最大限に活かすために協働するコミュニティを作る。さらに，ものづくりにおける作り手と作り手の間の関係性だけでなく，モノとしての製品（家具）を通して消費者との間で地域とのつながり，自然とのつながり，人とのつながりを作り，使い手も身近な木で作られた家具の価値を生み出すための重要なプレイヤーとして価値づけの環に参加できるような社会的な仕掛けを築くことを目指す（図表5－1）。

　一方で，生産と消費という関係性の外にいる人々はどのようにこの価値づけの環に加わることができるのであろうか。ここで作られる家具は，一点物であり，その木だからこその作り方やデザインが施され，当然，価格も高くなる。したがって，一部の人が消費者になるだけであって，多くの人は消費の環の外に置かれる。そこで，ヨキカグが地域の木のこと，家具のこと，山のことをより知ってもらうために取り組んでいるのが，ヨキカグのコンセプト・アイテムでもある「木々スツール」である。プロジェクトメンバーであるデザイナーが設計をし，そのデザイン案に基づいて，静岡の森や街から届いたそれぞれの木の強度や個性を踏まえながら家具の作り手がカタチにしたモノが，木々スツールである。デザインは同じでも，木に応じて，座面の厚み，脚の太さなどが異なり，木との会話の中で作り上げていく家具である。これらの家具は，ヨキカ

第Ⅱ部 「地域の価値」をどうつくるか

図表5－1◆モノとしての家具を介した社会的な関わりの中での地域の木の価値づけ

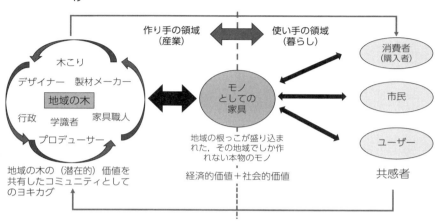

出所：筆者作成

グの理念や活動を表現するモノであり，静岡の各地での展示イベントなどにおいて，森林業に関する業界関係者だけでなく，その地域に住む市民の人々にも静岡の自然，木そして家具産地であることを知ってもらうために，展示するだけでなく，実際に座ったり，触ったり，見たりしてもらえるような工夫をしている。

　こうして，少しずつプロジェクトの目的やコンセプトや活動が明確になりつつあるヨキカグであるが，プロジェクト内において最初から共通の認識が出来ていたわけではない。各メンバーはそれぞれ独立して活動しており，ヨキカグはそれらメンバーが集まった集団であり，1つの企業という組織ではない。さらに，地域の身近な木を活用するというある程度の幅を持った目的のもとでプレイヤーたちが集まり，針葉樹なのか，広葉樹なのか，モノを作ることが目的なのか売ることが目的なのかあるいは啓発的な活動が目的なのか，地域の木の入口である森からの流通を作るのか，出口部分の販路を作るのか，等々，メンバーの間で当然，考え方や方向性の違いが存在する。しかしながら，実際に活動を始め，地域の木が森から出始め，それが家具というモノになっていき，定期的なミーティング，展示会のようなイベント，地域の木を調達したり，家具

第5章　地域の木の価値づけを通した家具産地社会の再構成

づくりを企画したりするなどの経済的だけでなく非経済的あるいは社会的な活動を進めていく中で，個々のメンバーがこのプロジェクト的取り組みに参加する目的，ヨキカグとしてのプロジェクトだからこそできること，周囲の反応などを感じ，それらを各自が解釈していきながら，家具産地としての静岡においてヨキカグがどんな役割を果たし，何をすべきなのかというイメージを徐々に共有理解する。こうしたプロセスを経ながら，ヨキカグとしての共通の目的も徐々に形成されていき，産地における1つのコミュニティ的協働として，地域社会に発信をしている。

3.3　地域に自生する先駆種を活用した生態系の再生
　　　——森づくりからの価値づけ

　太平洋に面し，日本一の標高を誇る富士山がある静岡県は，暖温帯から亜高山帯まで環境が多様であるために，高い種の多様性が期待できる。しかしながら，静岡県は林業が盛んで人工林率が高く，天竜スギやオクシズ材としてスギやヒノキの利用促進が進む一方で，家具産地であっても多様と言われる広葉樹資源の活用は，いくつかの家具メーカーでは独自に取り組まれてきたものの，産地全体としては進んでいなかった。そうした中，ヨキカグは身近な地域の木を家具づくりに活用することで，利用を通して地域の木の価値をつくり，地域のより多くの人々にその価値を伝えようとする。しかし一方で，利用の促進はこれまでの森林資源の乱獲や枯渇を招いた悪循環を引き起こしかねず，結果として森林の生態系に再び悪影響を及ぼしかねない。実際に，2020年から全世界を襲った新型コロナウィルス感染症のパンデミックによって，針葉樹から始まり広葉樹にも広がっていった木材の流通危機，いわゆるウッドショックの中で，家具産地だけでなく日本の各地域において成長の早い早成樹の植林という動きが見られるようになった。

　こうした中，ヨキカグと静岡大学農学部附属フィールド科学教育研究センター森林生態系部門天竜ブランチ（以下，天竜演習林）との間において，地域の木の利用を通して森林の生態系における多様性や複雑性の再生へとつなげるための実践的研究が始まった。より具体的には，静岡の環境を活かすべく，高い種の多様性をものづくりという資源利用だけでなく森づくりという自然環境

第Ⅱ部　「地域の価値」をどうつくるか

の保全あるいは持続性にも活かすべく，地域に在来する先駆種と呼ばれる樹種の活用を試みることである。

　そもそも，先駆種とは，森林の植生の時間的変化を表す植生遷移において，遷移初期段階に出現する種であり，パイオニアツリーとも呼ばれ（日本生態学会，2011），成長が早い木が多い。先駆種の資源としての活用は家具づくりにとって利用可能な広葉樹種の幅を広げるだけでなく，森づくりにとっても自然の植生遷移により忠実であり，さらに様々な樹種および成長段階の異なる樹種からなる多様性の高い森づくりの鍵となる。こうした背景のもとで，今回の取り組みでは，天竜演習林に自生するカラスザンショウ，アカメガシワ，ネムノキをはじめとする未利用あるいは低利用の先駆種を選木し，ヨキカグに参加する家具メーカーによって，いくつかの製品が試作された。

　この取り組みはまだ始まったばかりである。実際にこれらの樹種がどのような家具に適しているのか，材としての強度，特性などの研究も同時に進められなければならない。しかし重要なことは，これら未利用樹種としての先駆種が家具づくりに使えるかどうかだけではない。広葉樹に限って言えば，現状において日本の森林のポテンシャルは低く，外国からの調達も年々厳しくなってきている。その中で，国内外からの移入種である早生樹を植林しようとする短期ローテーションの林業を促進する動きも出てきた。しかし，本取り組みは，地域に本来自生する，成長が早く寿命が比較的に短い先駆種を活用することで，遷移初期種と遷移後期種を混交させた自然プロセスを生かした種多様性の高い森づくりを進めることである。生方（2021）は，森林は自然のみが作り出すものではなく，生活を自然に依拠する人間もまた自然とともに自然を作り出す時代に入っていると指摘した上で，森林を自然と人間が作り出すハイブリッドな存在として捉える。だからこそ，今日そしてこれからにおける自然としての森林との関係性を考えるとき，利用か保全かというような人間と自然の二元論的思考ではなく，利用することで生物的多様性や自然の保全を促すような利用のあり方が問われている。つまり，「森林生態系を管理するプロセスの中に，利害関係者が適切に関与して，生態系の持続性と変化する人間社会の需要とのバランスを調整するような管理の仕方」（三俣・斎藤，2022，79-80頁）を作り上げる必要がある。この点において，地域に在来の先駆種に着目した森づくりの

ためのものづくりは，家具というモノに環境的および社会的価値を作り出すだけでなく，地域の森林の生態系に対してそこに暮らす誰でもが利害関係者として，その価値づくりの環に参加することを可能にする。

4 地場産業産地の形成に向けた社会的仕掛けとしての地域の木の価値づけ

　これまで，日本有数の家具産地であるが対照的な事例でもある旭川と静岡の家具における地域の木の利用のあり方や，地域の木を使った家具の価値づけについて考察した。しかし，こうした地域の木を価値づけることの意味はどこにあるのであろうか。より具体的には，家具づくりを通した地域の木の利用や価値づけという多様なプレイヤーが関わった集合的行為が，今日の産地や社会をどのように再構成していくのであろうか。

　まず，ローカルからグローバルまで重層的な次元を貫く問題として，本章でも既に言及したように，資本主義経済体制の中で一方通行的になってしまった自然と人間の関わり方が大きな問題である。Görg（2004）やBrand and Görg（2008）などマルクス主義的伝統に位置づけられる初期フランクフルト学派の批判理論にルーツを持つドイツの環境社会学や政治経済学の研究者らは，1980年代半ばから，「自然との社会的関係（societal relationships with nature）」という分析アプローチを展開する。このアプローチによれば，社会的プロセスは自然を通して成り立っており，社会は自然と独立して議論することはできないし，自然は社会的プロセスの外部で自立しているわけでもない（Görg, 2004）。実際に，20世紀の資本主義経済の成長プロセスは，自然の利用をますます純粋に経済的目的に従って商品化へと向かわせることで，自然との社会的関係は人間による支配的あるいは従属的なものへと傾き，一方通行的で搾取的な自然の利用は「エコロジーの危機」（Brand and Görg, 2008）を引き起こしたと強調する。そして，現代資本主義経済における自然の利用のあり方を考えるとき，利用か保全かというような人間と自然の二元論的思考に陥る傾向になる議論が多いが，そうではなく，利用することで生物的多様性や自然の保全を促すような利用のあり方が今日，問われていると指摘する。そこで，自然と人間の関係

第Ⅱ部　「地域の価値」をどうつくるか

を作り直す駆動力として，自然との社会的関係アプローチは「自然の価値づけ（valorisation of nature）」（あるいは自然の価値を高めるため）の戦略の必要性を説く（Brand and Görg, 2008）。

　しかし，商品化という経済的目的の追求から抜け出した自然と人間の社会的関係は，どのようなプロセスを経て実現されうるのであろうか。本章では，地域，より具体的には地場産業産地こそ，その1つの重要な起点であり，そうであるべきであると考える。図表5－2で示すように，地域には根っこと言われる，地域固有の自然，景観，伝統，文化，コミュニティ，人が存在し，その地域の暮らしを支えている（除本・佐無田，2020）。地場産業はまさしく，それらの根っこが混じり合って長い年月をかけて構成（構築）された産業であり，また商品にその地域名を冠する地場産業そのものもまた地域の根っこであるとも言える。しかし，こうした地場産業の産地においても今日，これら地域の資源はバラバラに存在し，自然と人間の関係性もまた社会的に遠くなっている。

　アルフレッド・マーシャルが産業の地域化を導く条件として，自然資源の存在を主な原因の1つとして挙げたように（Marshall, 1920），地域の自然資源は産地の再構成において重要なファクターである。これまで述べてきたように，地域の木を利用して，地場産業製品として作られた家具は，ある産地のある家具メーカーによって作られた産地の一部を切り取った経済的目的のみを追求したモノではなく，地域の自然，文化，暮らしなどで育てられた地域の根っこが盛り込まれた社会的価値を付与されたモノである。そして，こうした家具というモノを介して，作り手だけでなく使い手たちによっても実行される地域の木の価値づけという行為は，関係するあらゆるプレイヤーが当事者として産地社会の再構成に意識や関心を向け，主体的に関与していくための仕掛けとなりうるものである。旭川や静岡といった地域が五大家具産地と言われるほど日本有数の家具産地であると本章でも繰り返し述べてきた。しかし実際にはその事実を知る人々は多くはなく，産地に住む市民にとっても同じことが言える。外国産材や日本の一部地域の国内産材を使った家具づくりが主流になっていく中で，使い手だけでなく作り手も含めて，人々は産地の自然や暮らしや文化との関わりを薄くしていき，産地は生産の場という性格を強めていった。さらに使い手にとっては，家具という商品の選択肢が多様になった時代において，あえて木

第5章　地域の木の価値づけを通した家具産地社会の再構成

図表5－2◆地域の木の価値づけを通した産地の再構成

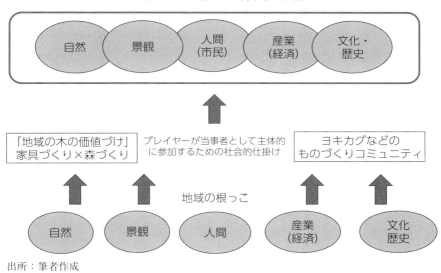

出所：筆者作成

の家具を選ぶ理由が薄くなったり，またより安価で類似した商品があれば，その「作り物」（除本・佐無田，2020）を選ぶ消費者も増えてきた。しかし，人々が日常の暮らしの拠点を置く地域で育った木を使った家具は，作り手や使い手にとって目的や価値を共有し，他人事ではなく自分事として身近な自然である森林や地域の資源を考えるきっかけとなるモノである。自然と人間の社会的関係という問題は，グローバルな次元まで続く重層的な問題である。しかし，その関係を再構築していくための基礎となる社会は地域社会であり，その中でも地場産業産地はその模範的社会となるべきである。

5 おわりに──産地社会の形成に向けて

　本章では，わたしたち人間にとって身近に存在する地域の木そのものに焦点をあて，家具における地域の木の活用の意味について考察した。地域の木の活用を促進するためには，木材流通など川上（森づくり）から川下（販売・消

第Ⅱ部　「地域の価値」をどうつくるか

費）までの家具づくりの仕組みを作り直していかなければならない。そして，このような仕組み作りは各地域で取り組まれている。しかしながら，その前に，地域の木そのものが家具づくりに関わる様々なプレイヤーにとって共有された目的や価値として意識や関心の対象となる必要がある。本章はこのような問題意識から，地域の木を活用するためのプロセスづくりの意味づけに分析の中心を置いた。

　さて，旭川や静岡のように産地で作られる家具は，そもそも身近な自然資源を利用し，地域の職人たちが作り，暮らしの中で利用されてきた，その地域の日常の暮らしに根づいた生活道具であった。しかし，木材価格の高騰，流通のグローバル化，デザイン性や芸術性の追求，少量生産など，産地家具は高価格帯の家具商品となり，嗜好品や奢侈品として位置づけられるようになった。国内外の量産メーカーが進出するにつれて，一般的な市民は日常的な家具を購入するとき安価な家具へと関心が向き，産地家具のような高価格商品は，価格的基準において消費選択の外に置かれがちである。このような家具の価値に関して，本章は地域の木が生み出す産地家具の価値について論じた。1つは，日常を過ごす地域との関わりを作り直す役割を果たすモノであること。もう1つは，その日常空間である地域を基礎に身近な森林や木とのつながりを通して自然との関わり方を考えるための架け橋的なモノであること。つまり，地域の木によって生み出された家具は，単なる商品としてのモノではなく，人と人，人とコト（文化，伝統，歴史，生活など），人と自然を結ぶ役割を果たす商品であり，戦後以降の資本主義経済の成長の中でわたしたちの暮らしが物質的に豊かになった一方で，「人間のゆたかな生（ウェルビーイング）」（山田，2022）の実現や拡充が求められている今日，重要な役割を担うモノとしての可能性を備えている。

　日本には産地と呼ばれる地域がたくさん存在する。その多くが，基幹産業であった地場産業の縮小や衰退とともに地域社会の衰退にも直面することで，産地は生産する地域に変わった。しかしながら，産地には産業（ものづくり）を通して，市民と市民，市民と産業，市民と自然，市民と文化，といった多様な社会的つながりが形成されていたはずである。地域の木が生み出す家具のように，地域の自然資源から生み出された地場産品やその地場産業は，市民が地域

について学び，理解し，地域における多様な社会的つながりを生み出すモノやコトである。今，産地に求められているのは，ただ生産を続けていくことだけではなく，ものづくりを通して様々な社会的関係性が構築された「産地社会」の形成であり，それによってこそ経済的だけでなく社会的に持続的な産地（地域）へとつながっていくはずである。

◆付記
　本章は，横田（2024）に加筆・修正したものである。

◆参考文献

伊東暁人（2008）「地方地場産業のブランド化―静岡の家具産業を事例に」『経済研究』（静岡大学）第12巻第4号，201-218頁。

生方史数（2021）「森のつくられかた―ハイブリッドとしての森林」生方史数編『森のつくられかた―移りゆく人間と自然のハイブリッド』共立出版，1-20頁。

大倉季久（2017）『森のサステイナブル・エコノミー―現代日本の森林問題と経済社会学』晃洋書房。

川嶋康男（2002）『椅子職人―旭川家具を世界ブランドにした少年の夢』大日本図書。

木村光夫（2004）『旭川家具産業の歴史』旭川叢書第29巻，旭川振興公社。

関岡東生監修（2016）『図解 知識ゼロからの林業入門』家の光協会。

立見淳哉・山本泰三（2022）「価値と価値づけの理論的検討―コンヴァンシオン経済学における展開」『季刊経済研究』（大阪市大）第40巻第1-4号，48-66頁。

日本生態学会編（2011）『森林生態学』共立出版。

三俣学・齋藤暖生（2022）『森の経済学―森が森らしく，人が人らしくある経済』日本評論社。

山田鋭夫（2022）『ウェルビーイングの経済』藤原書店。

除本理史・佐無田光（2020）『きみのまちに未来はあるか？―「根っこ」から地域をつくる』岩波ジュニア新書。

横田宏樹（2024）「産地社会形成のための地域の木の利用と価値づけ―家具産地の事例から」『経済研究』（静岡大学）第28巻第3号，15-27頁。

Brand, U. and C. Görg (2008) "Post-Fordist Governance of Nature: The Internationalization of the State and the Case of Genetic Resources- A Neo-Poulantzian Perspective", *Review of International Political Economy*, 15(4), pp.567-89.

Eymard-Duvernay, F. (2004) *Économie politique de l'entreprise*, collection «Repères», Paris : La Découverte. （海老塚明・片岡浩二・須田文明・立見淳哉・横田宏樹訳『企業の政治経済学―コンヴァンシオン理論からの展望』ナカニシヤ出版，2006年。）

Görg, C. (2004) "The Construction of Societal Relationships with Nature", *Poiesis & Praxis*, 3, pp.22-36.

Heinich, N. (2020) "A Pragmatic Redefinition of Value(s) : Toward a General Model of Valuation", *Theory, Culture and Society*, 37(5), pp.75-94.

第Ⅱ部 「地域の価値」をどうつくるか

Marshall, A.（1920）*Principles of Economics*, eighth edition, London: Macmillan.（永澤越郎訳『経済学原理』岩波ブックサービスセンター，1985年。）

（横田　宏樹）

第 **6** 章

地域の持続的発展と真正性の装置としての映画館
——「日田シネマテーク・リベルテ」（大分県日田市）を事例として

1 はじめに

　2000年代以降，「地域ブランド」「リノベーション」「空き家・古民家再生」「アートプロジェクト」などの取組みが各地で展開されるようになった。また，各々の地域において，自然，景観，街並み，建築物，ものづくり，伝統文化などから「地域の価値」を発見し，再評価する動きが広がりを見せている。

　そこでは，地域に「あるもの」（生産物，建築物，場所など）に，ストーリー，デザイン，アートを通して「意味づけ」を行い，「価値」を付与する試みがなされている。さらには，意味づけされた「地域の価値」を「ブランド」や「観光」などの形で商品化し，地域経済の振興に積極的に活用する動きも見られるが，その背後には，地域の「ほんもの」を体験・経験したいという消費者ニーズの高まりがある（佐無田，2020：除本・佐無田，2020：ズーキン，2013）。

　こうして物語性や審美性，そして，これを根拠づける「真正性」（オーセンティシティ）が地域づくりにおいて重要視されるようになったわけだが，このような地域づくりの新たな展開と，ポスト工業化の進展とともに拡大してきた「あるもの」（過去のもの）に価値を付与する経済の台頭とは無関係ではないだろう。ボルタンスキーとエスケールはこれを「豊穣化の経済」という概念で捉

第Ⅱ部　「地域の価値」をどうつくるか

え，そこには「コレクション形態」と呼ばれる，従来の「工業経済」とは異なる，資本主義における財の新たな価値づけ様式が存在していることに注目している（Boltanski and Esquerre, 2020；ボルタンスキー，エスケール，2017；立見，2019）。

コレクション形態の価値づけでは，真正性が重要な意味を持ち，すでに存在しているものに象徴的な意味（物語）を与え，価値を付与する「創造的人材」のネットワークやメディアの果たす役割が大きい（立見，2019）。東京をはじめ大都市に集中するアーティストやデザイナー，編集者などの創造的人材だが，近年では地域づくりの担い手としても存在感を増している。彼らの「コレクション」に位置づけられることで，地域の事物は真正性と価値を付与される。しかしその一方で，「地域の価値」が「コレクション」に含まれるということが，資本の循環に取り込まれることを意味するのであれば，そこに矛盾も生じてこよう。それは，真正性が商品化されることで，真正性が失われていくという矛盾である。そこには，「地域の価値」が商品化される過程で，表層的な解釈・意味づけがなされ，一時的な流行として短いサイクルで消費されてしまうなど，地域のサステイナビリティが脅かされる可能性も含まれている。「地域の価値」の意味づけや商品化の過程を，誰がどうディレクションしていくかが問われていると言えよう（佐無田，2020）。

こうした問題認識に基づき，本章の課題は，地域が真正性から利益を得つつも，真正性が失われない「地域の価値」の意味づけの場とはどのようなものか，そのためには地域内でどのような機能を担うアクターが必要で，オーセンティックな経験（「ほんもの」の経験）を求める地域への来訪者や，「質」（価値）の規定において影響力を持つ地域外の創造的人材とどのような関係性を構築していくことが必要なのかを明らかにすることである。

地域外の創造的人材も，「ローカル」とされる事物の価値づけの過程において，地域に関する「一次情報」を持つ地域内のアクターにアクセスせざるを得ない。そこには，地域住民をはじめ，自治体，観光協会，生産者，流通業者，商店，コミュニティ・グループ，NPO，大学，地域メディアなど様々なアクターが含まれるが，なかでも本章では，まちの書店や映画館など，地域の「文化的装置」（増淵，2012）の役割に着目する。

第 6 章　地域の持続的発展と真正性の装置としての映画館

　以下ではまず，本章の分析視角として，ラファエリがアメリカの独立系書店の復活要因として指摘した「３つのＣ」に着目し，これを，真正性を創出・担保する３つの機能として位置づける。次に，そのような機能を通じて，創造的人材を含めた来訪者と「感情的なつながり」に基づく共感と信頼のコミュニティを構築し，「地域の価値」の意味づけをディレクションしていく地域内のアクターとして，大分県日田市の映画館「日田シネマテーク・リベルテ」支配人・原茂樹の活動を取り上げる。

2 ┃ なぜ，まちの書店や映画館なのか──真正性の装置としての３つの機能

　アメリカの独立系書店は，バーンズ＆ノーブルなど大型書店との競争やオンライン書店アマゾン・ドット・コムの登場により，1995年から2000年にかけて43％減少した。2007年には電子書籍端末キンドルも発売され，業界の崩壊も予測されていたが，その後予期せぬ復活を果たし，2009年から2015年の間に，独立系書店数は1,651から2,227店舗へと35％増加した。2019年５月時点での店舗数は2,524，アメリカ書店協会（ABA）会員数は1,887と，2009年以降，最高数を記録している[1]。

　ラファエリは，アメリカの独立系書店の復活要因として，「コミュニティ」「キュレーション」「コンヴィーニング」の３つのＣの存在を挙げている。すなわち，独立系書店は，第１に，2000年代半ばから多くの都市で地域主義（ローカリズム）の意識を高める役割を担い，地域独自の「コミュニティ」の価値を維持するために個人商店や学校が連携することを促した。第２に，より個人的で，専門的な顧客体験を提供できる「キュレーション」に集中して取り組むことで，顧客とのパーソナルな関係性を築いた。第３に，コミュニティでの物理的な存在感を活用し，作家の講演会，サイン会，読書会，読み聞かせ会，誕生会など，関心を共有する人々を招集する（「コンヴィーニング」）イベントを多く開催した。ラファエリは，以上のような地域コミュニティに根ざした新たな

---

1)　本章は岩本（2021）を大幅に圧縮したものである。アメリカ独立系書店の復活の動きに関する参照記事は同注９に掲げた。

第Ⅱ部　「地域の価値」をどうつくるか

実践によって，独立系書店業界は，実店舗の書店としての集合的アイデンティ
ティを再構築し，技術的変化（オンラインコマースの出現，電子書籍の導入）
への対応と顧客の獲得に成功したとする[2]。

　ここで興味深いのは，これらの独立系書店が，オンライン書店や大型書店で
は満たされない「ほんもの」の経験を求める人々を惹きつけているということ
である。そしてまた，そうした経験が，「コミュニティ」「キュレーション」
「コンヴィーニング」という３つの実践を通じた読者とのより親密で「感情的
なつながり」から生まれているということである。以下では，これを地域の
「文化的装置」としての書店や映画館が果たしうる，真正性を創出・担保する
３つの機能として注目したい。ここで言う真正性とは，個々人の経験を判断基
準とした「主観的真正性」[3] を指す。

3 ┃ 真正性の装置と「感情的なつながり」の コミュニティ

　本章で着目する日田市は，大分県西部に位置し，福岡・熊本両県に接する人
口約61,000人の小都市である。高度経済成長期の1955年をピークに人口減少が
続いているものの，近年，県外からの移住者が増えており，その数は2016年度
から６年連続で県内１位である。古くから北部九州の要衝として栄え，江戸時
代には幕府の直轄地・天領として独特の町民文化が繁栄した。市内には，当時
の歴史的な街並みや伝統文化がいまも残る。

---

　2)　Ryan Raffaelli, "Reframing Collective Identity in Response to Multiple Technological
　　　Discontinuities: The Novel Resurgence of Independent Bookstores" (Extended
　　　Abstract, November, 2017).

　3)　橋本は「地域文化観光論」の立場から，「主観的真正性」の重要性について次のよう
　　　に論じている。「観光対象が本来の文脈から切り離されて観光の場に提供される場合は，
　　　切り離された時点で『客観的真正性』が喪失することを現代の観光者は認識している。
　　　しかし，地域の人々が誠実に『真摯』に自分たちの文化を伝えようとしている場合には，
　　　その人々の姿勢を『ほんもの』であると評価することがある。ホストがゲストに真摯に
　　　応対し，ゲストもそれに応えるとき両者の間に信頼関係が生まれる。この信頼関係に基
　　　づいて，観光者は地域の人々を信じ，彼らが提供する文化を『ほんもの』だと信じる。
　　　そしてこの両者の信頼関係に基づく自らの観光経験を観光者は『ほんもの』だと判断す
　　　るのである」（橋本，2018，17頁）。

第6章　地域の持続的発展と真正性の装置としての映画館

美しい景観も特徴である。「水郷ひた」として知られ，そのシンボルである三隈川（筑後川）に浮かぶ屋形船は夏の風物詩で，400年の伝統をもつ鵜飼を見物することができる。市域の84%が森林で形成され，豊かな森林資源を背景に林業・木材産業や地下水脈を活用した飲料産業も盛んである。

また，中心市街地から車で20分ほどのところにある小鹿田皿山・池ノ鶴地区では，当地で採取される陶土を利用した小鹿田焼の生産が行われている。ここでは全工程が手作業で行われ，谷川の水を利用した木製の唐臼で土を砕き，日田杉の薪を燃料に登り窯で焼く伝統的な技法が，9軒の窯元により今日まで一子相伝で受け継がれている。1931年に柳宗悦がこの地を訪れ，その伝統的技法と質朴・雄勁な作調を称揚したことや，1954年にイギリスの陶芸家バーナード・リーチが滞在し作陶活動を行ったことで，小鹿田の名は広く知られることとなった。

このような歴史的街並み，美しい自然環境，伝統文化が残る日田市にある映画館が，「日田シネマテーク・リベルテ」である。かつては全国各地にあった「まちの映画館」が姿を消す中で，1991年に開業したリベルテもまた例外ではなく，これまで2度閉館している。それを2009年，当時32歳で復館させたのが現在の支配人である原茂樹である。

3.1 「日田の映画館」として

原にはそれまで映画館事業の経験やノウハウがあったわけではない。だが事業のことよりも，故郷である「日田のためになることをしたい」という思いから，福岡での仕事と長年続けてきた音楽活動をやめて日田に戻り，リベルテを引き継ぐ覚悟を決めたと言う。「日田の映画館」として何ができるかを模索する中で，原が目指したのは，映画を上映するだけでなく，地域の人々が集い，会話を楽しむ「サロン」のような映画館であり，そのような場所を通して映画と一緒に，「日田のこと，歴史，お店，暮らす人々など」地域の物語を伝えていくことだった[4]。

また原は，日田の映画館として，「日田を表現するもの」を探したと言う。

4）　原茂樹「自由という名の，小さな映画館」『片隅』2016年10月号，伽鹿舎，86-89頁。

第Ⅱ部 「地域の価値」をどうつくるか

そこで原が最初に会いに行ったのが，日田出身の陶芸作家である三笘修だった。三笘は，信楽で陶芸を学んだのち常滑にて独立，2007年から日田に移住し，作陶を続けている。原曰く，

　　僕が陶芸を好きになったきっかけが三笘修さん。
　　民藝を広めたのはバーナード・リーチと柳宗悦。でも僕はルーシー・リー（ウィーン出身の陶芸作家）が好きで。バーナード・リーチとルーシー・リーは同時期に同じ村にいた。同様に，三笘修と小鹿田焼は，いま同じ時期に日田に存在するじゃないですか。そのことで，「日田は陶芸のまちだと言えます」ということを言いたかった。「三笘さんがダメだといったら，小鹿田も取り扱いません。どっちもないとできません」ってちょっと生意気なんですけど，三笘さんに言った。だって僕は"日田の映画館として"やりたいから。5)

　このように原は，民藝としての小鹿田焼と，陶芸作家である三笘修の作品の双方が，現在，日田から生まれていることを表現したいと思い，リベルテでの取り扱いを始める。こうした発言からも，原は，「日田の映画館」を始めるにあたり，この場所が（「ほんもの」の）「陶芸のまち」であることを伝える物語と，それを裏づける真正性を重視していたことが窺える。このことは，後述するリベルテ館内のキュレーションにも反映されている。「豊穣化の経済」においては，こうしたストーリーテリング（意味づけ）が価値を付与し，重要性を増す。
　こうして，2009年にリベルテは復館する。「ひたは映画館がある町です。」と書かれた当時のポスターには，次のような文章が添えられている。

　　人口7万人規模で「映画館があるまち」は，実は全国にもうほとんど残されていません。昔はどこも必ず映画館があり，映画文化がそこに暮らす人々の心を潤していました。気づけばいろんなバショが，モノが，コトが，消え去って「わがまち」という実感さえ薄れてしまいつつある。そんなま

　5）　原茂樹へのインタビュー（2019年8月13日，於・リベルテ）。

第 6 章　地域の持続的発展と真正性の装置としての映画館

ちが今，日本各地にあります。失ってからしかわからない「わがまちに映
画館がある」ことの大切さ。‥‥ぜひ，ご夫婦で，お仲間と，同じまちに
暮らす誰かとご一緒に，「まちの映画館」に，集い合ってください。もち
ろんおひとりでも。これからも日田が「映画館のあるまち」であって欲し
いから。

　このように原は，日本各地で失われてしまった「バショ，モノ，コト」の中
に「まちの映画館」の存在を挙げ，いわば「地域の価値」と結びつけてその大
切さを訴えている。「まちの映画館」が重要な理由についての物語を伝えてい
ると言うこともできるだろう。これは，地域コミュニティの価値との強いつな
がりを強調することで，自らの存在意義（アイデンティティ）を示したアメリ
カの独立系書店とも共通する点である。

3.2　キュレーション

　リベルテ館内には，映画を観に来た人も，ゆっくりしたい人も居れる空間に
なるように，ロビーが改装され，カフェスペースが設けられている。また，小
さなギャラリースペースもある。上映する映画作品の選定だけでなく，ギャラ
リーに展示されている作品をはじめ，リベルテを特徴づけるのが，キュレー
ションである。

　館内には，小鹿田焼や三笘修の器をはじめ，絵本作家の谷口智則やミロコマ
チコ，画家の牧野伊三夫らの作品，さらには九州の民芸品や郷土玩具，書籍・
雑誌，CD，手ぬぐい，Tシャツ，オリジナルグッズなどが所狭しと並んでい
る。それらは必ずしも日田のものだけではなく，全国各地の作り手やデザイ
ナーによる品々の展示・販売も行われている。

　そうした様々な作品やグッズのキュレーションを行う上での基準・条件とし
て，原は，作り手達と「想いを共有」すること，そして，そうした作り手達の
「顔が見えること」が大事だと言う[6]。原にとって彼らは，価値観や志を共にす
る仲間のような存在と言える。

---

6)　原茂樹「"顔が見える"コト」『手の間』第 8 巻第13号，2015年，14-15頁。

第Ⅱ部　「地域の価値」をどうつくるか

図表6－1◆リベルテ館内

注：筆者撮影

　原はよく上映後のロビーで，映画を観終わった観客に話しかける。その会話を通して，観客は，その映画を上映しようと思った「経緯」や「想い」を直接聞くことができる。同様に，リベルテに置かれている作品やグッズも，作り手達の「顔が見える」ように，その作品や作り手にまつわる「想い」や「背景」を伝えることを何より大事にしている。こうしてリベルテに置かれているモノには全て，それにまつわる由来や来歴の物語がある。

　このようにして原は，作り手達も含めて，リベルテを訪れる一人ひとりの来館者と想いを共有できる場づくりとしての映画館運営を続けてきた。ここではチェーン店のような一般的でマニュアル化された対応とは対照的に，原が心がける一人ひとりの「心に寄り添えるような会話」を通して，来館者との親密でパーソナルな関係性が築かれていく。

3.3　コンヴィーニング（イベント）

　もう1つリベルテを特徴づけるものとして，劇場内（63席）やギャラリースペース，ロビーで行われる数多くのイベントが挙げられる。

第 6 章　地域の持続的発展と真正性の装置としての映画館

　年間20回ほど開催される演奏会（ライブ）では，海外も含めて各地で活躍する数多くのミュージシャンが訪れる。また，映画監督，俳優，作家，編集者，写真家，デザイナー，クラフトバイヤーなど，様々なジャンルのクリエイターや専門家による講演会も月に１回のペースで開催されている。ギャラリースペースでは，リベルテでも展示・販売されている画家，絵本作家，イラストレーターなど，多数のアーティストによる個展が開かれる。さらに，焙煎士，陶芸作家，スタイリストなどが講師となり，多彩なワークショップが定期的に開催されている。

　それらを合わせるとリベルテでは，年間50回近い数のイベントが行われており，週に１度は何らかの催しが開催されているということになる。こうしたイベントを通して，リベルテは，映画，工芸，アート，絵本，音楽，食，地域文化・地域づくりなどにおいて，目的や関心，価値観，趣味や好み，ライフスタイル等を同じくする人々が集まる場所を提供している。こうしたイベントに参加することで，参加者は，同じ興味・関心を持つ人達と実際に「会話」をすることができ，オンライン上とは異なるリアルな文化コミュニティの一員になることができる。そして，作り手や他の参加者と想いを共有したり，一緒に物語を体験することができる。

3.4　「日田の映画館」を支える地域外からの来館者

　復館から10年目を迎えた2018年のリベルテの入館者数は，１日平均で約40人（年間で約15,000人）である。このうち映画を鑑賞する人は20人を超える程度であるが，器やグッズなどの物販，カフェ，イベントとの相乗効果で，年間の売上は安定してきたと言う。

　原曰く，最初の１～２年間は「思い出したくもないほど」の苦労が続いたそうだ。それでも日々の実践が積み重ねられる中で，リベルテを訪れる人の数は着実に増えていった。注目すべきは，こうした来館者の７～８割が日田市外からだと言うことだ。東京や福岡をはじめ，ほぼ全国各地から，多くの人がリベルテを窓口として日田を訪れるようになった。

　もちろん，リベルテを拠り所としている地元の常連客や学生もいれば，イベント等を通じた地域コミュニティとの交流も続いている。子供達に映画を観せ

第Ⅱ部　「地域の価値」をどうつくるか

る活動も地域に根づいてきた。

　だが一方で，こうした全国各地から訪れる人々の存在が，人口6万人規模の小都市で映画館事業を成り立たせていることも事実であろう。そうした来館者に原は，日田の物語を伝え，日常の風景や生活を体験してもらうために地域を案内することも多い。地域外から訪れる来館者に原が案内するのは，観光地化された場所や流行の店ではなく，「日田にもともとある」日常の風景や生活の営みであり，「日田らしさ」を感じられる土地・自然，街並み，景観，伝統文化，ものづくり，食，人物やコミュニティといった地域固有とされるものである[7]。

3.5　「感情的なつながり」に基づく共感と信頼のコミュニティ

　ではなぜ全国各地から，この「日田の映画館」に多くの人が訪れるのであろうか。2000年代以降，地域（「ローカル」）への関心が高まっている。工業社会のもとで失われてきた「地域の固有性」が，今日では「地域の価値」として高く評価されるようになっている。その背景には，除本・佐無田（2020）や松永（2015）らが指摘するように，若い世代を中心に，コミュニティとのつながり，仕事のやりがい，自然志向のライフスタイルなど「生活の質」（「生き方の質」）を求める人々の存在がある。そして一方では，こうした価値観の変化をも反映しつつ，「ほんもの」であることを求める消費者ニーズの高まりと，それを取り込む資本主義の変化がある。

　このような「生活の質」や「ほんもの」の経験を求める人々の存在が，行政の区域を超えて，リベルテという「日田の映画館」を支える「コミュニティ」の中核をなしているのではないだろうか。そして原自身もまた，そうした社会の価値観の変化を感じ取っていたように思える。

　原は，映画館を引き継いでから10年間の活動において，日田に映画館があることの大切さを「地域の価値」として訴え，映画をはじめ工芸，絵本，絵画等のキュレーションや，館内で開催される多くのイベントを通して，「真正性の感覚」（経験を基準とした主観的真正性）を創出することで，来館者との間に「感情的なつながり」（物語を媒介とした共感や信頼関係）を構築していく。ま

　7）　原茂樹「日田に流れる，ささやかな物語」『Oita Geo culture』2018年7月号，美術出版社，96-97頁。

第 6 章　地域の持続的発展と真正性の装置としての映画館

た，そうした感情的なつながりがあるからこそ，来館者は，リベルテで扱う様々な文化的生産物や，リベルテという映画館，そして日田という地に対して，「ほんものらしさ」を感じることができるのだろう。

　リベルテという「日田の映画館」の中心にあるのは，こうした「コミュニティ」[8]「キュレーション」「コンヴィーニング」の実践を通して形成された「感情的なつながり」に基づく共感や信頼のコミュニティである。

　このコミュニティを特徴づけるものとして，第1に，人々に感動を与え，共感を生む「ストーリー」の存在が挙げられる。それは映画をはじめとして，リベルテで取り扱う工芸品，アート作品，絵本，グッズ，コーヒーなどのモノにまつわる物語である。また，「日田の映画館」としてのリベルテの物語であり，日田というまちの物語でもある。原は，それらの物語を，来館者一人ひとりに，心のこもった会話を通して届ける。来館者は，その真摯さとともに物語の意味を読み取り，想いを共有し，コストや利便性だけでなく感情に基づいてモノを購入する。さらに購入するだけでなく，イベントを通して作り手や他の来館者と物語を共有する。そうした自らの「体験」と「学習」に基づいて，来館者は真正性の感覚を得る。

　また，原が案内する日田の日常の風景や生活の営みに触れることは，東京など地域外から訪れる来館者にとって非日常の体験であり，それが観光地化・商業化されていないがゆえに，作為のない真正なものに感じるのであろう。とくにここを訪れた創造的人材が，のちに日田にまつわる絵画や楽曲，エッセイ，旅行記などの作品（物語）を生み出していることからも分かるように，彼らにとって，そうした場所の経験は新たな創作活動の源泉ともなっている。

　第2に，このコミュニティは，「想い」や「志」を同じくする（文化的価値観，審美性，ライフスタイルなどを共有する）人々のコミュニティである。そこにはやはり，大量生産・大量消費の経済システムや行き過ぎた商業主義を疑問視し，すでにあるものを大切にしながら，「生活の質」や「自分らしさ」，「真正性」を希求する共通の価値観，ライフスタイルがあるように思える。

　第3に，このコミュニティを形成するのは，日田という地域に愛着を持ち，

---

　8)　ここで言う「コミュニティ」の実践とは，「地域コミュニティを支援する」という意味だけでなく，原が来館者に対して行う「会話」（「コミュニケーション」）を指している。

第Ⅱ部　「地域の価値」をどうつくるか

地域住民の長年の暮らしの積み重ねによって形成されてきた地域の固有性が有する「本源」的な価値（佐無田，2020；除本・佐無田，2020）に対して，尊敬の念を示す人々である。それは必ずしも日田市民だけに限らない。

　橋本は，「単に行政的に区分された住民を指すのではなく，当該地域に愛着を持つ人々で，『地域文化』創出活動に自発的に参加する人々と，その活動を通して行政的な枠組みを超えて結ばれていく人々」（橋本，2018，16-17頁）を指して「地域の人々」といい，他方，「真正なる観光経験」を求め，「地域の人々」との交流を楽しみ，彼らが紡ぎ出す物語を探し求める観光者を，（よく知られたものを「確認」にくる）大衆観光者と区別して「地域文化観光者」と呼んでいる（同上，136頁）。その多くが日田市外からの来館者であるリベルテというコミュニティを形成しているのも，こうした「地域の人々」や「地域文化観光者」と言えるのかも知れない。

　第4に，このような地域の暮らしの本源的な価値への共感とリスペクトの下に，このコミュニティは，少なくともそのコアな部分において，組織の枠組みや利害関係，職業的地位，ビジネスライクな付き合いを超えた，純粋に人間と人間との「平等で対等な関係」を特徴とする。そしてこのことは，この後見る，「地域の価値」の価値づけに影響力を持つ地域外の創造的人材と，原や他の地域内のアクターとの関係においても当てはまる。それは，「地域の価値」を互いに「搾取しないし，搾取されない」関係性を生み出していると言え，地域の持続的発展という観点からも極めて重要な点である。

　主観的真正性を創出する文化的装置としてのリベルテは，このような共感と信頼のコミュニティを通して，その主観的な意味づけを共有する場となっていく。こうして意味づけを共有できる場があるからこそ，個々人の真正性の感覚は保証され，担保される。ここで原は，「コミュニティ」「キュレーション」「コンヴィーニング」の3つの実践を通じて，個々人の意味づけをディレクションしていく地域内のアクターとしての役割を果たしている。

　こうして主観的でありながらも集合的に意味づけされた「地域の価値」は，さらに，このコミュニティに含まれる地域外の創造的人材のネットワークを通じて，全国に発信されていくこととなる。

第 6 章　地域の持続的発展と真正性の装置としての映画館

3.6　メディアによるオーセンティックな場所の形成

　原は，リベルテを通して多くのクリエイター，アーティストらと交流を持つことになる。なかでも重要なのが，開館して 3 年目までの比較的早い時期にリベルテを訪れ，原と出会い，それ以来，交流が続いている牧野伊三夫（画家），岡本仁（編集者），中原慎一郎（ランドスケーププロダクツ代表），日野明子（クラフトバイヤー）の 4 人である。原とつながりのある創造的人材のネットワークも，彼らとの親交から生まれたものが多い。

　注目されるのは，彼らが，過去のもの，すでに存在しているものの「質」を規定し，財を価値づける評価基準（参照軸）の形成に影響力をもつアクターだということである。とくに，牧野，岡本との親交と，そこから派生していく創造的人材のネットワークを通して，リベルテは数多くの雑誌やウェブマガジンに取り上げられることになる。

　さらに注目されるのは，その際にリベルテが「日田の映画館」として，日田の「歴史的なもの」「伝統的なもの」「芸術的なもの」「ローカルなもの」と一緒に掲載されていることである。屋形船が浮かぶ三隈川の風景，日田を代表する画家や陶芸家の作品，工房，小鹿田の伝統工芸（唐臼や登り窯，作陶に励む陶工の姿），木造の古い荒物屋，祇園祭，山鉾の飾り，神社，日田の名物や地元で愛される昔ながらの食堂など，そこで取り上げられているのはまさに「豊穣化の経済」の領域である。

　こうしてメディアを通して，日田の生産物，風景，建築物，芸術作品，風習，食，人物などに真正性が付与され，日田というオーセンティックな場所にある映画館として，リベルテも紹介される。その媒体となる雑誌は，大衆向けの旅行雑誌というよりも，「生活の質」や「ほんもの」を志向する読者を対象にした生活雑誌・ライフスタイル誌が多い。また，『暮らしの手帖』（1948年創刊）をはじめ，歴史のある「息の長い」雑誌に多く掲載されていることも特徴である（岩本，2021，44頁，表 2）。

　そして原は，企画，アテンド，取材，執筆などを通じてこれらのメディアの編集工程の一端を地域内で担い，東京で作業を行う創造的人材とやりとりしながら，「地域の価値」の意味づけ工程に関与していく。歴史的・文化的産物の

第Ⅱ部　「地域の価値」をどうつくるか

「質」の評価において影響力を持つ彼らとの関係性について，原は，「お互いを
リスペクトし合える対等な関係が築けるかどうか」が重要と言う。それは，地
域の固有性が有する本源的な価値への共感と尊敬の念の下に築かれる，人間と
人間との「平等で対等な関係」と言える。

　　僕らはこのまちで生きているので，このまちで生きていた中でいいもの
　が，育んできたものがある。そこが素晴らしいと思う。郷土文化は必ずど
　こにでもあって，それはどの人も喜んでもらえる。というのは，歴史があ
　るから。ここのまちで育んできたものは，みんなに愛されているから。そ
　れはどこに持っていっても恥ずかしくない。
　　こっち（日田）には，こっちの価値がある。牧野さんや岡本さんは，そ
　れを尊敬してくれている。まちの人もそこに「誇り」を持ち，（東京のメ
　ディアにも）「迎合しない」姿勢，「対等にいれる関係」が大事だと思う。
　‥‥権威者が悪いわけじゃない。それも一人の人間。ただし，ここ（リベ
　ルテ）に来るお婆ちゃんも一人の人間。一緒。そういう姿勢が，相手に
　「本気」，「本当」，「本物なんだな」と伝わるのではないか。[9]

3.7　「日田の映画館」が地域にもたらす影響

　では，このようなメディアによる情報発信を含めて，リベルテのこれまでの
活動は地域にどのような影響をもたらしているのか。日田市観光協会・黒木陽
介へのインタビュー（2020年11月23日）に基づきこれを見ていく。

　2019年の日田市の観光入込客数は，日帰り客数が約327万人，宿泊客数が約
46万人であり，その数は2001年をピークに減少傾向にある。一方，すでに見た
ように，リベルテの年間入館者数は約15,000人（2018年）であり，このうち7
〜8割が日田市外からの来館者である。ただし，上記の観光客数は，基本的に
日田の従来からの観光スポットや旅館等を中心に集計した数値であり，その中
に映画館であるリベルテは含まれていない。

　9）　原への前掲インタビュー。一方で原は，「『広報になる，載っけてあげるから』という
　　のは，ダメな雑誌だと思う。対等な関係が大事なのに」とも述べている。

100

第6章　地域の持続的発展と真正性の装置としての映画館

　しかし，黒木は，日田市の観光客数からして，リベルテの年間来館者数15,000人という数値は施設の規模から見ても大きく，重要だと言う。さらに黒木が指摘するのは，ここ数年の観光客の質的な部分での変化である。

　　　ちゃんと目的を持って日田に来られる方が，以前と比べると増えた気がします。「ほんもの」とか，「生活文化の向上」とか，そういうところに関心を持つ人は，若い方が増えていますね。20〜40代くらいまでで，お金に少し余裕があり，ほんものにこだわっている方は，小鹿田やリベルテなどに行く。きこりめし（後述）を買ったりとか。そういう方々が以前と比べて増えてきた。

　また，「日田の映画館」としての原の活動は，周辺のビジネスにもメリットをもたらしている。前述のように，メディアを通して，リベルテだけでなく，日田の「歴史的なもの」「伝統的なもの」「芸術的なもの」「ローカルなもの」が全国に発信されるようになったが，その影響は大きいと黒木は言う。

　　　リベルテにクリエイターが訪れるようになってからは，原さんが，彼らを小鹿田や三隈川とか古墳とか，そういうところに連れて行くことによって，周りに巻き込まれた方々も一緒にプロモーションに入ってくるんですよね。それがビジネス的な相乗効果を生んでいる。リベルテだけを宣伝するのではなくて，"まちの中の映画館として"というのが原さんの考え方なので，まちの人も一緒にちゃんと紹介されるようなかたちがつくられている。ビジネス的にはそこのプロモーションの部分が非常に大きい。それも東京発信になるので，大きな影響を与えているところはある。

　とくに小鹿田焼は，ここ2〜3年で関東を中心に盛んにプロモーションが行われ，以前より関東市場から支持を受けることが多くなっており，観光協会としてもそこに力を入れていると言う。
　では，こうしたメディアを通して，日田の日常の暮らしやその積み重ねにより形成された地域の固有性が「外からの評価」を得たことによって，地域住民

101

第Ⅱ部　「地域の価値」をどうつくるか

に何らかの変化はあったのだろうか。

> 20～40代には変化があったと思います。ある程度，若い人に関しては，
> "誇りが持てるまち"というように段々となってきているのではないか。
> これまではやっぱり田舎町なので高齢者の方の存在が目立っていたが，こ
> の5～6年で雰囲気が変わってきた。日田在住の若い人たちは結構みんな
> "日田愛"が強くて，そういう外からの情報・評価によって，またそれが
> 深まっていくというところがあるのではないか。それにより，いろいろな
> 物事が，原さん以外の所でも動き始めた。その大元にリベルテがなったと
> ころがあるように思います。

　こう黒木が指摘するように，若い世代の意識の変化は，日田の地域づくりへ
も影響を及ぼしている。すでに指摘した通り，日田市への県外からの移住者数
は2016年度から6年連続で県内第1位である。とくに若い世代が日田に入って
きており，「地域おこし協力隊」として移住してきた若者などが，その後も定
住し，エリアごとのキーマンになってきていると言う。そして最近では，そう
した若者同士の交流が広がり，市内各地での取り組みがつながり始めたと言う。
　またそうした中で，若者の起業も増えてきているようだ。とくに黒木は，以
前は少なかったクリエイターが最近では充実してきており，IT分野でも，福
岡市にはあるが日田市にはまだ無いような隙間のところで，事業を起こす個人
事業主が出てきていると言う。

3.8　クリエイターとの連携による地域づくりと「感情的なつながり」に基づくコミュニティの広がり

　さらに注目されるのは，日田に愛着を持つクリエイターなどの創造的人材が
各地から集まり，地域づくりの担い手として登場してきたことだ。
　2012年に発足した「ヤブクグリ」は，「森を愛する仲間が集い，日田の林業
を中心に何か愉快なことをやっていく会」である。会員資格は，「日田が好き。
日田に在住もしくは，来たことがある」人であり，日田市民や林業関係者だけ
でなく，これまで日田を訪れたことのある東京，関西，福岡在住のクリエイ

第 6 章　地域の持続的発展と真正性の装置としての映画館

ターが多く参加していることが特徴である。そして黒木もまた，市域の大部分を占める森林を観光に活かすことができないかという思いから会に加わり，同じくヤブクグリのメンバーとなった原や江副直樹らとともに地域内のアクターとして中心的な役割を担ってきた。

ヤブクグリは，スケッチに出かけ荒廃した山林の状況を知った画家の牧野が，魅力的な山の風景を取り戻すために『間伐材』という名の雑誌を作ろうと考え，日田を訪れたことから始まっている。それ以来，牧野と交流のある福岡や東京のクリエイターも日田に集まるようになった。

「森を元気にするための何かコトを起こす」ために，まず牧野らは，林業家，製材所，木材市場など林業関係者への取材を重ねるとともに，市内各所を訪問し，住民の話を聞いて回り，地元の祭りや催しなども見学した。そして，そこで多くの人が語っていた，「かつて日田で伐採された木材が，三隈川を利用して『筏流し』で下流の大川まで運ばれて加工され，全国へ出荷されていた」という歴史の物語・集団的記憶を再現するために，杉の丸太で筏を作り，「いま，森をみよ」というスローガンが書かれたのぼり旗を掲げて三隈川を下るイベントを開催した。このイベントは市内の各種メディアで取り上げられ，ヤブクグリの名が知られるようになった。

その後ヤブクグリは，イベント開催だけでなく，クリエイターのアイディアを活かした冊子や地図，弁当，Tシャツやバックなどのモノを開発していく。「地域の価値」の商品化（佐無田，2020）が行われるわけだが，ここで重要なのは，デザインなどを通してモノに意味づけられた，地域固有のストーリーである。なかでも，牧野のイラストをもとに考案され，地元で人気の食堂である寳屋が製造販売する弁当「日田きこりめし」は，2013年にADC賞，およびグッドデザイン賞を受賞し，メディアにも度々取り上げられている。

このように都市部から訪れるクリエイターが地域づくりに加わることの意義について，黒木は，第 1 に「よそ者の視点」を挙げる。とくにクリエイターはいろいろな発想・新しい発想ができ，これに魅力があるとか，これをどういう風にしたらもっと魅力がでるかなど，彼らとの意見交換を通して，地元にいると気づかない視点を得られることの意義は，観光などの面においても大きいと言う。第 2 に，ヤブクグリの活動をきっかけに，地元の製材所が，福岡のクリ

103

第Ⅱ部 「地域の価値」をどうつくるか

エイターと組んでオリジナルの建築資材を開発するなど，新たな動きが生まれてきている点を挙げる。黒木は，そうした地元企業の新たな事業展開やコラボレーションが生まれる場が「ヤブクグリ」であってもいいのではないかと言う。そして第3に，ヤブクグリが得意とする「情報発信」を挙げ，次のように話す。

　　僕は実際に，観光プロモーションの仕事をしているのでよくわかるが，牧野さんや，牧野さんを含めたクリエイターの方々から発信されるもののプロモーションの時って，"奥深い日田"をちゃんと書いてくれるんですよね。だから，こっちもやりがいがある。
　　最近ではヤブクグリに関わらず，牧野さんたちから，「日田のことを紹介するね」とか，彼らと「つながっている人を紹介するね」ということも多々あるけど，その時が一番安心できるんです。というのも，そうじゃないのもいっぱいあるので。一方で僕は，仕事として観光プロモーションをやらないといけない時に，表面だけの取材を受けたりもする。上辺だけの軽薄なところしか持っていかないメディアもある。そういう取材は断るようにもしているが，向こうの会社の方針に押し切られることも多い。そこが課題だと思っています。やっぱり人間と人間，人と人とのつながりの中で，しっかり時間をかけて話しながら，物事ってつくっていかないといけないなと，本当にここ数年思っています。

　このように黒木は，「奥深い日田」を伝える牧野らによるプロモーションへの信頼感を語る一方で，上辺だけの表層的な解釈・意味づけによるプロモーションも多いことを課題として挙げている。とくに「テレビとの付き合いは難しい」と黒木は言う。そして，牧野らの奥深い情報発信のベースにあるとも言える，ヤブクグリに関わる地域外の創造的人材と，黒木や原，江副，林業関係者，地元の商店や飲食店など地域内のアクターとの人間的なつながりの大切さを強調する。それは，すでに見たリベルテを支える共感と信頼のコミュニティとも共通する，地域の暮らしの本源的な価値への共感と尊敬の念の下に築かれる「平等で対等な関係」と言えるかもしれない。

104

第 6 章　地域の持続的発展と真正性の装置としての映画館

4 ｜ おわりに

　こうして，「物語」に共感し，「想い」や「志」を共有し，日田という地域に「誇り」や「愛着」を持ち，地域の固有性が有する本源的な価値への共感と尊敬の念の下に築かれる「平等で対等な関係」「感情的なつながり」によって成り立つ共感と信頼のコミュニティは，リベルテという文化的装置を超えて，日田の地域づくりへと広がりを見せているようだ。それは，地域が真正性から利益を得つつも，真正性が失われない「地域の価値」の意味づけの場（＝「地域の価値」を共有するコミュニティ）の広がりと捉えることができる。

　だがそこには課題もある。こうして地域外の創造的人材と地域内のアクターとの連携により，「質」の高い情報発信がなされるようになった日田だが，メディアによるオーセンティックな場所のイメージ（物語）と，実際にそこを訪れた際に来訪者が経験する印象が一致するとは限らない。「意味づけの対象」となる地域（「対象を基準とした真正性」）と，「意味づけの場（文脈）」となる地域（「経験を基準とした真正性」）との間には，絶えず緊張関係が存在する（田中，2013）。「地域の価値」として差異化・ブランド化され，意味を付与された地域の事物が，「本当に」真正なものであるかどうかを解釈する過程は，そこを訪れる各主体に開かれている。

　したがって，地域の持続的発展のためには，「地域の価値」の真正性が失われていくことがないよう，地域内でこれを担保するアクターが必要になる。そうした真正性の感覚は，来訪者と地域の人々との物語を媒介とした共感や信頼関係によって支えられている。こうしたなかで，「コミュニティ」「キュレーション」「コンヴィーニング」の機能を通して「感情的なつながり」を生み出し，真正性を創出・担保する地域の文化的装置の重要性はいっそう高まっていくであろう。

　本章で見てきたように，「地域の価値」の意味づけや商品化の工程を，もっぱら地域外の創造的人材や企業に委ねるのではなく，これをディレクションしていく人材が地域内に存在することが日田の強みと言える。ただし，そうした原の活動や真正性の装置としてのリベルテの役割が，行政や地域住民に「見え

105

第Ⅱ部 「地域の価値」をどうつくるか

ているか」というと決してそうではなく，一部の市民を除き，あくまで地域の「映画館」という認識にとどまっているのが現状のように思える。だがなぜ，この小さな映画館を窓口として日田に全国から人が訪れるのか，なぜ，今日の地域発展の原動力となる創造的人材が集まってくるのか，彼らをこの場所に惹きつけている「地域の価値」の真正性と「意味づけの担い手」達への共通理解が必要であろう。そこにはリベルテが地域コミュニティにもたらしている社会的便益（正の外部性）への評価も含まれる。そして，「日田らしさ」を生み出している土地・自然，街並み，伝統文化，ものづくり，食，コミュニティのつながりなど，地域の暮らしの豊かさを支える本源的価値への認識を深め，共有し，これを安易に商業化・観光化して変容させ，真正性を失わせるのではなく，継承していくことが重要であり，そのための制度づくりなど地域政策，文化政策の展開が求められる。

◆参考文献

岩本洋一（2021）「現代資本主義における地域の持続的発展と真正性の装置としての映画館―『日田シネマテーク・リベルテ』（大分県日田市）を事例として」『福祉社会研究』第21号，29-56頁。

佐無田光（2020）「『地域の価値』の地域政策論試論」『地域経済学研究』第38号，43-59頁。

ズーキン，S.（2013）『都市はなぜ魂を失ったか―ジェイコブズ後のニューヨーク論』（内田奈芳美・真野洋介訳）講談社。

立見淳哉（2019）『産業集積と制度の地理学―経済調整と価値づけの装置を考える―』ナカニシヤ出版。

田中祥司（2013）「真正性の評価過程」『商学研究科紀要』第77巻，91-103頁。

橋本和也（2018）『地域文化観光論―新たな観光学への展望』ナカニシヤ出版。

ボルタンスキー，L.，A.エスケール（2017）「資本主義の新たな形態としての『コレクション』―過去への経済的価値付与とその帰結（上）」（中原隆幸・須田文明訳）『阪南論集・社会科学編』第52巻第2号，225-251頁。

増淵敏之（2012）『路地裏が文化を生む―細街路とその界隈の変容』青弓社。

松永桂子（2015）『ローカル志向の時代』光文社。

除本理史・佐無田光（2020）『きみのまちに未来はあるか？―「根っこ」から地域をつくる』岩波書店。

Boltanski, L. and A. Esquerre（2020）*Enrichment: A Critique of Commodities*, Polity Press.

（岩本 洋一）

第**7**章

地域の人びとと関わり合う
──フリーランスの共同体の一生と遺産

1 はじめに

　第1章でふれたように，所属する企業や組織のしばりを超えて地域と関わろうとする人びと，さらに，企業に雇われる生き方をやめて，地方に移住し主体的に生活を切り開いていこうとする人びとが増えている。これは，利潤追求という企業の行動原理では回収しきれない，暮らしの豊かさを希求する動きである。企業に雇われない生き方は人びとに自律性をもたらすが，経済面や人間関係の困難も伴う。成功だけでなく，失敗や挫折のストーリーもある。それでも移住者たちは地域と関わろうとし，新たな「地域の価値」をつくりあげてゆく。本章は，そうした移住者と地元の人びとが織りなす，人間関係の構築と再構築に関する事例研究である。

　縁あって，私は「フリーランス」[1]の共同体（コミュニティ）を観察することになった。2021年8月に，私のゼミの卒業生，太田有哉さん（おーちゃん）から連絡があった。私が大学教員として初めて持ったゼミの最初の卒業生だったので，彼には愛着

---

1) 本章では，フリーランスという言葉を，個人の名前や才覚で仕事をし，生活をしていくことを選んだ人というくらいの曖昧な意味で使っており，「自称」フリーランスであれば，その人をフリーランスとして扱う。

第Ⅱ部 「地域の価値」をどうつくるか

をもっており，どのような職歴をたどるのか，楽しみでもあり，少々心配でもあった。彼は，新卒採用された大阪の信用金庫を辞め，地元の奈良県宇陀市の複合施設「ながぽ荘」（名前の由来は幅が狭く奥行きのある長細い建物）で働き始めたという。ながぽ荘は１階にカフェ・バー，２階にコ・ワーキング・スペースを設けており，間貸しした３階には学習塾（個別指導Terrace）が入っていた。ながぽ荘は，「移住者，市民が気軽に繋がるコミュニティ」にすることと，フリーランスが集い，「新たなビジネスが生まれる可能性のある場所」にすることを目指していた。太田さんから見にきてくださいと誘われたので，観察することにした。

　本章では，雇われないで，地域に根差した仕事をしながら生きることを選んだ若者たちがどのように彼らの共同体（ながぽ荘）の価値をつくり，ひいては地域の価値を遺すに至ったか，その過程を，以下のような流れで見ていきたい。この共同体では，かけがえのない価値が「日常的コミュニズム」（次節）という関係性がつくられるなかで生じていた（第３節，第４節）。その一方で，この関係性を風通しの良い状態に保ち続けること，そして，他の論理（行動原理）との摩擦を調整し続けることは，困難の連続であった（第５節，第６節）。2021年４月に開業したながぽ荘は，約２年後に廃業した。しかし，ながぽ荘の代表が，関係者やお客さんたちと日常的コミュニズムの関係性で接したこと，具体的に言うと，垣根無く，全人格的に関わったことが，地域に予期せぬ価値を遺した（第６節）。

2 ｜ 分析のための概念

2.1　交換の論理

　本論に入る前に，本章の観察対象を分析するのに必要な概念を提示しておきたい。それは，経済的な活動をする共同体の構成員たちが根差している３つの論理である（グレーバー，2016）（**図表７－１**）。これらは第２章で説明された「コンヴァンシオン」の一部を構成する。ただし，ここでは，それは商品の評価原理ではなく，人間同士が経済的関係を取り結ぶ際の基本的な原理としてのコンヴァンシオンである。

108

第7章　地域の人びとと関わり合う

図表7－1 ◆共同体が根差している3つの論理

		関係性	行動原理	評価される人	成果物（生産物, サービス, おカネ, 実績）の帰属
3つの根本的論理	交換	水平的	対等な者同士での等価交換	たくさんを頻繁に交換できる人	排他的な所有権が交換される
	上下関係（ヒエラルキー）	垂直的	命令と服従	命令を効率的に遂行する人	共同体の成果物はボスに帰属する
	日常的コミュニズム	主に水平的	仲間のため話し合い 能力に応じて共同体に貢献し, 必要に応じて分け合う	仲間や共同体のために能力を出し惜しみしない人	共同体の成果物は構成員で共有（シェア）される
補足的論理	ネットワーク／プロジェクトの論理	主に水平的	ネットワークの拡大 プロジェクトの完遂	広範なネットワークを有する人, 動員できる人, ハブになる人, プロジェクトを組織し管理できる人	プロジェクトの成果物は構成員に, 貢献度に応じて分配（シェア）されるか, 共有される

出所：グレーバー（2016）およびボルタンスキー, シャペロ（2013）をもとに著者作成

　共同体が根差している論理の1つめは，「交換」である。この論理では「等価」交換が原則である。不平等な交換は認められない。交換されるものが同等であることから，交換に参加する人たちも「形式的には」対等であるとみなされる。商品，サービス，おカネといった交換されるものには「排他的な」所有権が設定されており，交換ではその所有権が移動することになる。

2.2　上下関係

　2つめの論理は「上下関係（ヒエラルキー）」である。この論理は，命令と服従による「垂直的」関係性である。その典型例は会社の上司と部下の関係性である。この論理では，的確な命令を下せる者，その命令を効率的に遂行できる者が評価される。会社では生産物の帰属が実際に手を動かしてそれをつくった労働者ではなく使用者にあることから分かるように，共同体のボスの命令によって生産された商品やサービスはボスに帰属する。

109

第Ⅱ部 「地域の価値」をどうつくるか

2.3 日常的コミュニズム

　3つめの論理は「日常的コミュニズム」である。これは，構成員たちは能力に応じて共同体や仲間に貢献すべきであり，そのおかげで生み出されたり，手に入れたりしたもの（生産物，サービス，お金，実績）を必要に応じて分配ないし共有するべきだという論理である。これは，人びとが一緒に働いているときに見られる身近な関係性であり，「あれをとってくれるかい」「はいよ」といった共同体の同僚との日常的なやりとりに表れている。ひょいと同僚，親友，そして家族を助けたからといって，その対価を要求する者などいないだろう。だからこそ，この論理では，能力を出し惜しみする人や成果物を分かち合わない人は非難される。そのため，この論理は，排他的な所有権を前提とする交換の論理と摩擦を起こすことがある。

2.4 ネットワーク／プロジェクトの論理

　以上の3つの論理が，共同体が根差している3つの根本論理である。ただし，本章の観察対象を分析するために，追加で補足的な論理を示しておきたい。それは「ネットワーク／プロジェクト」の論理である（ボルタンスキー，シャペロ，2013）。この論理では，集団の垣根（企業の垣根や地区の垣根）を超えて異質な人びとからなるネットワークを構築し，広げることのできる人が評価される。くわえて，そのネットワークから人を動員してプロジェクトを運営することができる「プロジェクト・リーダー」の資質をもつ者も高く評価される。反対に，そもそもネットワークをもたない，拡大できない，動員できない人は評価されないし，さらに，プロジェクトを完遂する力がなければ非難されることになる。プロジェクトの成果物は，チームの構成員に，貢献度に応じて分配されるか共有されるべきものとして扱われる。

　以上の論理のうち，ある共同体がどれか1つの論理のみで運営されることはほとんどなく，組み合わさった複数の論理に根差している。共同体ごとにそれらの論理の比重は異なっており，それが共同体の特色になる。

3 観察にいたるまでの経緯

　宇陀市でながぼ荘を開くことになった那須礼二さんは，岩手県出身で，栃木県の大学を卒業したあと，東京の商社で営業職として働いていた。飛び込み営業で成績をあげることに喜びを感じていた。しかし，その成績を社内で高く評価されて大口顧客の営業を任されると，御用聞きのような日々に満足できなくなり，ビールづくりの仕事を探した。公募されていた宇陀市とロート製薬の連携事業「地域おこし協力隊」では同社の醸造施設が活用できることが分かり，選考を受けたという。この施設でビールを醸造し，イベントなどで販売するようになった後，彼はさらに事業を広げるために，宇陀市にある近畿日本鉄道榛原駅の駅前商店街で物件を借り，自分のビールを提供するカフェ・バーを併設した複合施設を開いた（図表７－２）。

　私のゼミの卒業生，太田さんは宇陀市に住んでおり，彼の近所のシェアハウスには県外のフリーランスや伝統工芸の職人が集うようになっていた。その１人が那須さんだった。太田さんは，信用金庫を辞めたあと，縁がうまくつながり，廃業した銭湯を改装し，復活させる事業の運営者に内定した（松本, 2023）。この事業は，株式会社NOTE奈良が御所市の古民家を利用して同市の活性化を

図表７－２◆ながぼ荘　全景

注：ながぼ荘は写真中央の建物。著者撮影。

第Ⅱ部 「地域の価値」をどうつくるか

ねらう大きなプロジェクトの一部として構想されていた。すでにその一員として事業計画づくりに時間を割いてはいるが、しばらく那須さんのところでスタッフとして働いているので見に来てほしい、という。太田さんが、多彩な経験を積んでいて話題も豊富な友達が近所にできたことを喜んでおり、那須さんを起業の先輩としても尊敬していることがよく伝わってきた。

4 境界領域の形成

4.1 ながぼ荘に集う人びと

ながぼ荘では、代表の那須さんのほか、2人のスタッフ（地元の太田さん、群馬県出身の中澤一彰さん）とアルバイト（岩手県出身の三浦瑠花さん）が働いていた（**図表7－3**）。全員が20代の「若者」[2]だった。一彰さんと瑠花さんは、からっとした海岸にいそうで、反対に山あいの宇陀市にはあまりいなさそうな、開放的で声をかけやすい人たちであった。太田さんは地元の人であるが、彼も話しかけやすい雰囲気をもっており、また、日常的な話題を糸口に知的な会話へと導いていける才能をもっている。

図表7－3◆ながぼ荘の運営者たち

注：左が一彰さん、中央が太田さん、右が那須さん。写真：那須さん提供。

---

[2] 宇陀市では、人口約3万人のうち、高齢者が約1万2千人を占めている。ながぼ荘で働く人たちは、実際に商店街の商店主や利用客から「若い人」や「若者」とよばれていた。

第7章　地域の人びとと関わり合う

　ながぼ荘の「スタッフ」は，代表の那須さんから固定の報酬を月々受け取っており，シフトに基づいてカフェ・バーを運営するほか，ながぼ荘が発展するためのあらゆることを自由に企画し，実施することが求められていた。

　ながぼ荘の事業計画書では「移住者，市民が気軽に繋がるコミュニティ」をつくることが狙いの1つになっていたが，実際にはどのようなお客さんが集い，どのような場ができあがっていたのだろうか。開設から数か月たった場の特徴を描くために，2つの象徴的な出来事を取り上げる。

4.2　異なる世代が場を共有する

　お昼過ぎ，一彰さんがカフェ・バーのシフトの時間を終え，2階のコ・ワーキング・スペースで動画作成の仕事を進めていた。発注者とのビデオ会議で，自ら制作した動画についてどのように修正すべきか話し合っていた。

　背中合わせのかたちで，彼の向かい側では，3階の学習塾に通っている女の子がクラスの合間に自習をしていた。

　夜，一彰さんはまたカフェ・バーに立っていた。地元の60代のおじさんたちが2人，カウンターに座ってお酒を飲み，一彰さんを話し相手にしながら盛り上がっていた。その後ろの狭い空間を，先ほど2階で見かけた女の子が，塾を終え，塾の代表に連れられて通っていった。一彰さんが「さよなら」，女の子が「さよなら」，つられてお客さんたちも「さよならぁ」と挨拶していた。女の子が通り過ぎたあと，お客さんたちがゆっくりと話をし始めた。「あぁ，ほかのお客さんかと思ったら，塾の子か。」「俺らこんなアホみたいな話で騒いでて，悪いんじゃないかなぁ。」「社会勉強になるからええやろ，たぶん。」

　このように，塾生たちは，宇陀にいながら，毎回，実に多様な大人と同じ空間を共有している。単にすれ違ったり挨拶したりするだけかもしれないが，彼らは，人には（大人には）色々な性格，働き方，生き方があることを肌で感じているはずである。私は，将来を考えるうえでの素材や選択肢が広がる点で，この場が彼らの成長にとって健全で有益なものになっていると感じた。

4.3　向かいの喫茶店からのお客さん

　ながぼ荘の向かいには「ふれんど幸」という喫茶と食事のお店がある（**図表**

113

第Ⅱ部 「地域の価値」をどうつくるか

図表7−4 ◆ながぼ荘周辺の地図

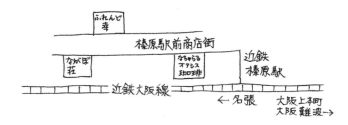

出典：著者作成

7−4）。ながぼ荘からではふれんど幸の店内は暖簾やカーテンで見えないが，いつも常連さんの話し声や笑い声が聞こえてくる。時々，店主の「さっちゃん」がお客さんを見送ったり，出前を届けたりするのも見える。

　ある日，私は，榛原駅で下車してから，駅前の喫茶店「なちゅらるオアシス珈琲」（以下，オアシス）に立ち寄り，店主の「文ちゃん」やお客さんたちと雑談した。お客さんの1人が「私，これからさっちゃんのお店に行きますわ」と店を出た。私も，オアシスを出てながぼ荘に行き，ながぼ荘の人びとをゆったり観察していた。

　数時間すると，ふれんど幸から道路をまたいで4人の女性がながぼ荘にやってきた。そのうち1人は，先ほどオアシスで少し言葉を交わしたお客さんだった。「あら，にいさん〔私のこと〕，また会いましたな。」

　4人がながぼ荘へと移動してきたきっかけは，さっちゃんがケータリングの準備で忙しかったこと，そして，ふれんど幸の常連さんが「向かいのお店は若い人が集まるところだから私が行くようなお店ではないよね」と言ったことだったらしい。すると，さっちゃんが，「みんなで行ってらっしゃいよ。若い人からエネルギーをもらえるわよ」と勧めたそうだ。

　ながぼ荘にやってきた4人は，最初は彼女たちだけで話をしていたが，しばらくすると那須さんと太田さんを巻き込みはじめた。「米の保存用のドラムをテーブルの代わりにするなんて面白いですな。」「内装も自分らで手作りされて，だんだんようなってきました。」

　那須さん・太田さんとの和やかな時間を過ごしたあと，4人は誰が珈琲代を

第7章　地域の人びとと関わり合う

払うのかを言い争いはじめた。「今日は私が払いたい。」「今日は私や。」みなで
小銭を出し合いながらこのやりとりを延々と続けたあと，最終的に，私が昼に
オアシスでおしゃべりしたお客さんが支払うことになり，その人はさっさとふ
れんど幸に戻っていった。しかし，誰のものだろうか，1枚の500円玉が，カ
ウンターの木のくぼみの中に置かれたままになっていた。

　しばらくすると，ふれんど幸からケータリングの準備を終えたさっちゃんが
出てきて，3人に合流してカウンターでおしゃべりを始めた。その3人は，ま
たふれんど幸に戻っていった。さっちゃんによれば，若い人たちとどんなこと
を話したかを，ふれんど幸に残っていたほかのお客さんたちとのおしゃべりの
話題にするのだろう，とのことだった。

　3人がふれんど幸に戻っていった後，その店主，さっちゃんだけがながぼ荘
に残った。ゆったりとコーヒーを飲みながら，那須さんとぽつぽつと話をして
いた。「自分のお店ではないし，責任を感じなくて楽でいいわぁ。」

　カウンターに残されていた500円玉が，さっちゃんの珈琲代に充てられた。
那須さんは「幸のお客さんからです」と言ったが，さっちゃんは，どのような
経緯でこのお金がカウンターに残されたのかを知らないため，不思議そうな顔
をしていた。さっちゃんは，ながぼ荘の別のお客さんと世間話を楽しんでから，
にぎやかな声の聞こえる自分のお店に戻っていった。

　彼女たちのふるまいから，商店街利用客の一部が複数のお店を「はしご」し
ていることが分かる。ながぼ荘は，この商店街の中では一風変わった場である
が，その異質さが，この地域の人たちに新しい体験を提供していた。ながぼ荘
を訪れた人は，別のお店でその体験を話題にしていた。なかには帰宅してから
家族との話題にする人もいた。人が回るのにあわせて，話題も回っている。な
がぼ荘は，お客さんやこの地域に，「新しい話題」という「価値」を提供して
いる。

　お客さんの立場からするとお店をはしごしているのであるが，商店主の立場
からするとお客さんを融通し合っているともいえる。もちろん商店主は，自分
が好感を持てるお店にしか，お客さんを融通したりはしない。融通されている
ということは，ながぼ荘が商店街に受け入れられていたことを意味する。

第Ⅱ部 「地域の価値」をどうつくるか

4.3 場づくりの達成

　ここまで象徴的な出来事を2つみてきたが，こういった出来事は私が滞在していた限られた時間のなかでも頻繁にみられる日常的なものであった。開業からわずか数か月にもかかわらず，ながぼ荘は，那須さんが当初目標にしていた通りの場になっていた。できあがっていた場の特徴を整理してみたい。

　場の特徴の1つめは，お客さんとながぼ荘の運営者たちとの関係性において「日常的コミュニズム」の論理が強くみられることである。もちろんおカネが媒介になっているので対等な者同士での等価交換の論理が中心になってはいるが，その論理に収まりきらない要素がみられる。2つの例を挙げたい。

　1つに，前項で述べたように，商店街のほかのお店が，お客さんを融通することで，商店街という共同体の維持や活性化のためにながぼ荘も支えようとしていたことである。もう1つに，ある商店主が，前もって珈琲チケットを購入しているにもかかわらず，その日の珈琲代金を現金をあえて支払っていったことである。彼は，お店の運営には現金が必要になることがよく分かっており，商店街の仲間として応援するためにこのような配慮をしたのであろう。

　場の特徴の2つめは，異質な人びとが集い，交流していることである。異質な人びととは，まず，小中学生から高齢者までの多様な世代の人びとである。次に，多様な肩書や立場の人びとである。私が見たなかでは，個人事業主，社長，会社員，派遣社員，雇われ店長，市議会議員，元公務員の退職者がいた。

　場の特徴の3つめは，宇陀の外から会社の都合で宇陀に赴任してきた人や移住してきた人が気軽に入店しやすいことである。商店街利用客のほとんどは近辺に住んでいる人であり，それ以外の人が商店街のお店に入るには，太田さんが「高級イタリアンのお店に入るよりも難しい」と表現するように，相当な勇気がいる。こうした「一見さんお断り」の雰囲気を醸し出している商店街にあって，ながぼ荘は外の人に開かれた雰囲気をもっていた。そのことが地元の人たちにも開放感をもたらしていたようである。商店街では，うわさがめぐって情報が全体に共有されてしまうため，話題によっては話しにくいものもあるようだが，ながぼ荘の運営者たちに対しては気兼ねなく話せることもあるという。

116

第7章　地域の人びとと関わり合う

　このように，ながぽ荘は，「土着」と「漂流」の境界領域になっており，そ
れゆえ，土着の人だけでなく，一時的に入ってくるだけの「来訪者」，長いあ
いだ外に出たため地縁を失った「帰郷者」，外からの「移住者」も遠慮なく入
れる雰囲気の場になっている（赤坂，1992, 18, 20, 26頁）。境界領域をつくる
ことができた理由の1つは，那須さん自身が外から来た「異人」だからであり，
一彰さんや瑠花さんなど，遅かれ早かれ再びどこかに旅立つことを決めている
「遍歴者」とうまくつながり，彼らにカウンターに立ってもらっているからだ
ろう。異人とは，いろいろな地域を転々としてきた経験をもち，今のところこ
れ以上さすらう予定はないものの，漂流の可能性を捨てたわけでもない「潜在
的な遍歴者」のことである（赤坂，1992, 16頁）。異人と遍歴者が，商店街の
「内」の人と「外」からの移住者のどちらにも受け入れられる場をつくってい
た。

　商店街利用客は，「外」の人たち（ながぽ荘の運営者たち）との会話を通じ
て，商店街の，人情にあふれるけれども閉鎖的な関係性のなかだけでは味わえ
ない開放感を楽しんでいる。とくに，榛原駅付近に住んでいるが地縁をもたな
い人のなかには，せわしないことの多い都市部の飲食店とは異なり，ながぽ荘
の運営者たちとはゆったりと気兼ねなく話せることに，宇陀に住むことの価値
を見出していた人がいた。ながぽ荘は，その人の生活に組み込まれ，宇陀にい
る意味という根源的な，かけがえのない価値を提供していた。

5 ┃ 運営者たちの衝突と解決

5.1　運営者たちのわだかまり

　地域にかけがえのない価値を提供する一方で，「移住者，市民が気軽に繋が
るコミュニティ」というながぽ荘の構想は，ながぽ荘の制約にもなっていた。
商店街で働いている人と商店街を利用する人の総数自体が約100人と少ないし，
ながぽ荘に来てくれるのはその一部だけである。しかも，先に「人が回る」と
書いたが，それは完全な循環ではない。例えば，ながぽ荘のある常連さんは，
彼の飲食費の大きな割合を，近鉄に乗って1時間ほどで行ける大阪の難波で落
としていた。ながぽ荘が利益をあげていくには，大阪（都市部）などの外から

117

第Ⅱ部　「地域の価値」をどうつくるか

ある程度お客さんを呼び込む必要がある。それには，もう1つの企画「新たなビジネスが生まれる可能性がある場所」を実現させなければならない。地域外のフリーランスの人がながほ荘にやってくれば，カフェ・バーの収入につながったり，新しい共同事業が生まれたりするかもしれない。くわえて，カフェ・バーの売上の限界を補完するために，物販やイベントの企画・運営といった「新たなビジネス」を生み出し，軌道に乗せる必要もあった。

　しかし，こちらの企画はうまく進んでいなかった。その例として，持ち運び可能な「テントサウナ」の企画・販売・体験会の事業を見ていきたい。もともとこの事業は，「浴場で人を感動させたい」という自らの夢を実現させるための手段として太田さんが企画したものであった。優れた構造や品質のストーブやテントを一定数調達するために那須さんの力を借りたほうが良いと考え，彼は那須さんがテントサウナ事業の共同代表になることを同意した。営業は主に太田さんが担うことになった。しかし，那須さんが委託業者に販売予定数のテントサウナを発注したあと，太田さんに営業・販売の状況を尋ねたところ，太田さんがほとんど何も動いていないことが分かった。

　その理由は3つあった。1つは，日常的コミュニズムの論理における友達の関係性が，能力に応じた貢献ではなく「甘え」に転化していたことである。当然，こうしてプロジェクトという共同的なものに十分貢献できていない仲間にはプロジェクト／ネットワークの論理から批判されてしかるべきだが，那須さんは，そうしようとすると太田さんがつむじを曲げてしまうことを察知して，注意しきれずにいた。仕事をする前に親友であったことが，一方では，スタッフの甘えをもたらし，他方では，プロジェクトに十分には貢献していないスタッフを批判しにくいというリーダーの躊躇をもたらしていた。

　2つめは，友達の関係への上下関係の上書きである。那須さんは，一彰さんが言うには「天狗っていうか俺が一番すごいっていう感じ」になっていた。自分は仲間に報酬を払って仕事を振っているボスであるという態度が，友達の関係を大切にし，独立心や自負心の強いスタッフたちのやる気を削いでいた。

　3つめは，仕事の実績を語るときの交換の論理への依拠である。日常的コミュニズムの論理やプロジェクト／ネットワークの論理では，自主的な貢献，そして，仕事の成果や名声（以下，仕事の「実績」とよぶ）の分かち合いが重

118

視される。しかし，交換の論理では，実績は共有されるものとしてみなされず，所有権のように実績の排他性が前提になっている。ボスは実績を自分だけの手柄として周りに主張する。太田さんは，自分がこれまで力をかけて企画・開発してきたテントサウナを一生懸命に販売したとしても「那須さんにうまいこと手柄を持っていかれるパターンだ」と感じたようだ。

> 太田さん　じゃあ，やらんほうがいいやん，って感じになってて。その後，那須さんと飲みに行ったとき，「結局自分で出来へんやんけ」とか，そんなんばっかり言ってくるんですよ。もう鬱陶しいと思って。……僕，嫌なことは実害がない限り先延ばしにするタイプです。那須さんも常日頃からはっきり言う人じゃないから，それでお互いなぁなぁになっていた。……正直もう〔2021年〕春あたりから，僕はかなりひねくれだしていました。

　ながぽ荘においてカフェ・バー以外の事業が発展していない理由は，日常的コミュニズムの論理やプロジェクト／ネットワークの論理と，交換および上下関係の論理とが摩擦を引き起こし，リーダーとスタッフとのあいだにわだかまりが生じていたからであった。太田さんは，「素晴らしい浴場を提供する人」という自分の大切なアイデンティティを奪われそうになることには怠業というかたちで緩やかに抵抗したが，その一方で，それとは関係のない仕事，つまりカフェ・バーの運営では，お客さんに開放的な会話を楽しんでもらうために力を惜しむことなく場づくりに貢献していた。こうして，カフェ・バーでは運営者とお客さんとの日常的コミュニズムに根差した「境界領域」がうまく生成・発展し，そのほかの事業は停滞している，という両極端の状態がつくられてしまった（**図表７−５の★と☆のセルを参照**）。

第Ⅱ部　「地域の価値」をどうつくるか

図表７－５◆さまざまな論理の摩擦や調整

	地域（お客さん）との関係性	ながぼ荘の運営者のあいだの論理 （関係性と行動原理）
観察された論理	☆ ・「日常的コミュニズム」の論理に根差した商店街や「外」の人たちとの開放的で気兼ねない関係性 →太田さんや冨士本さんの学習や変容 ・「交換」の論理（飲食代の支払い） →両者が組み合わさりながら，宇陀にいる意味というかけがえのない価値が生まれていた（2021年8月）	・運営者たちの基盤にあった論理は「日常的コミュニズム」，すなわち，全人格的に関わる「友達」として持てる能力を自主的に出し合って助け合い，必要に応じて成果を分かち合うべきであるという関係性（行動原理） →太田さんや冨士本さんの学習や変容 ・仕事における建前上の論理は「ネットワーク／プロジェクト」の論理。すなわち，プロジェクトという共同的なものに自主的・創造的に貢献すべきであり，リーダーはスタッフの能力を引き出し，プロジェクトを完遂し，成果（おカネと実績）を分かち合うべきであり，それがリーダーやスタッフは批判されてしかるべきであるという論理。 上記と摩擦する論理 ・上下関係（命令と服従） ・交換（実績の排他性や独占）の論理
問題や摩擦	◇ ・日常的コミュニズムの関係性（ここでは開放的で気兼ねない関係性）が一部のお客さんや地域の関係者の「一方的依存」に転化 ・交換の不足（飲食の売上の停滞）（2023年の廃業にかけて）	★ ・異なる論理のあいだの摩擦が強まった結果，ボスになった「友達」への不満（実績を独占されている）／下になった「友達」への不満（「甘え」ている）が生じたが，友達への気遣いゆえに批判が押しとどめられた　→　それがお互いに対する諦めに　→　スタッフたちの緩やかな抵抗としての事業の停滞（2021年8月）
対立の調整，共同体の消滅と新たな発生	・ながぼ荘の廃業（那須さん，奈良県宇陀市，2023年） ・湊食堂（大阪市港区）の開業（那須さん，大阪市港区，2023年） ・御所宝湯の開業（太田さん，奈良県御所市，2022年10月） ・晴れ舞台の開業（冨士本さん，奈良県宇陀市，2024年4月）	□ ・リーダーが上下関係と交換（実績の排他性）の論理を緩和 →リーダー（那須さん）とスタッフ（一彰さん）とお互いに助け合う関係性を回復 ・スタッフ（太田さん）が「退出」 →甘えを捨て，友達の関係性を回復（2021年8月～9月）

注：「地域との関係性」の列と「ながぼ荘の運営者のあいだの論理」の列では，行ごとの時期は対応していない。時期については各セルの括弧内の年・月を参照のこと。
出所：著者作成

5.2 わだかまりの解消

　私は，那須さん，太田さん，一彰さんとの飲み会の場で，言うべきだが言え
ていないことを言葉にしなければ，論理や関係性の摩擦からくる不健全な状態
は解消されないのではないか，という話を切り出した。論争や感情の衝突，こ
れからの相談が深夜まで続いた[3]。見直すべきことが全て場に出され，そして，
相容れない論理の摩擦は，みなが話し合いながら自らを見直し，変化してゆく
なかである程度調整されていった。

　まず，上下関係や交換（実績の排他性の）論理の緩和である。那須さん以外
の３人によれば，那須さんは以前に比べて，「俺が一番凄い」「その仕事は俺の
おかげでできた」と言わなくなったという。

> 　一彰さん　だいぶ変わったと思うんですよ。みんなの意見を採用するよう
> 　になったし。仕事しやすい関係になりましたね。お互い意見も，このあ
> 　いだの〔バチバチの日の〕飲み会の後，酔った状態ですけど，シェアハ
> 　ウスで俺と礼二さんとで「お互いに意見を言い合おう」って感じになっ
> 　て，それからだいぶ言いやすくなった。

　次に，友達の関係性を回復するための退出である。太田さんは，先に述べた
通り，NOTE奈良の銭湯運営者として内定していた。もともとながぼ荘の開業
時から，2022年度にそちらのプロジェクトへと完全に移ることは，２人で合意
していたことだった。上記の飲み会の頃，太田さんはその事業計画書を詰める
ことにかなりの時間を費やすようになっており，十分にながぼ荘に貢献できる
状況ではなかった。彼は，そうした状況にもかかわらずながぼ荘から報酬を受
け取り続け，居座り続けることへの後ろめたさを感じていた。そして，上記の
飲み会で，那須さんから「このままのおーちゃんでいるならば仲間じゃない」
と言われたことが，彼の決断を促した。太田さんは，ながぼ荘のスタッフを辞

---

3)　このとき，私は，太田さんを不当に追い込んでしまった。その反省と謝罪については
　北川（2022）を参照のこと。

第Ⅱ部　「地域の価値」をどうつくるか

めることで甘えを捨て，那須さんとの友達の関係性を回復させる道を選んだ
（図表７−５の□のセルを参照）。

6 ┃ ながぼ荘の青春，その後

6.1　御所宝湯の復活

　太田さんは，その後，心の不安定さがなくなり，銭湯復活に向けて手間のか
かる作業を着実にこなしていった。そして，大学生からこの時までに各地の銭
湯で観察や修行をして練り上げてきた浴場の構想を，施工業者など多くの関係
者との細やかな協働で実現させた。

　2022年10月に「御所宝湯」が復活（開業）した。私が訪れると，いつも地元
の人びととの温かい交流がみられる。年配の女性が，番台のスタッフに，「おー
ちゃんはおらんのか？　あ，電話しとるんか。長なるな。先入るわ」と言って
脱衣場に入っていった。自転車で通りかかった子どもが，「おーちゃん，夕方
行くね！」と，暖簾越しに声をあげていた。地域の人たちが太田さんや彼の下
で働くスタッフと仲良しになって，宝湯に愛着をもつようになっている（図表
７−６）。利用者数は開業時からずっと，事業計画時の見込みを上回っている。
開業から２年たち，宝湯は，太田さんが番台に立って管理しなくとも，彼の
「浴場哲学」を理解するスタッフと利用客によって１つのシステムとして自律
しつつある。

　太田さんは，ながぼ荘での２年弱を，肯定的な経験として振り返っている。

　　太田さん　那須さんの仕事の仕方は，めっちゃ参考になりました。ひねく
　　　れてから辞めたころまでは，大人なんだから溜まった不平不満は言わな
　　　いでおこうって抑えていたけれど，もう納得いっているし，那須さんは
　　　ながぼ荘を何も無いところから立ち上げて切り盛りして，すごいことを
　　　してたんやな，と，自分で銭湯を開業してみて心の底からのリスペクト
　　　が生まれました。

　彼は，那須さん個人からだけでなく，那須さんに惹かれてながぼ荘にやって

図表7−6◆　宝湯のお客さんからのメッセージ

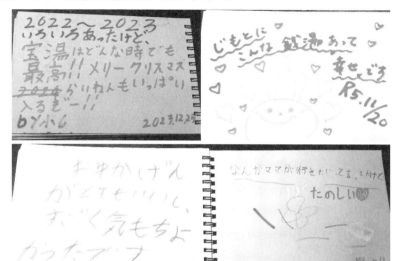

注：右下のメッセージは「なんかママが行きたいって言ってたけど いがいとたのしい」。
　　著者撮影

きた人びとからも大いに影響を受けていたという。場に集うフリーランスや会社経営者と話しながら，独立心をかき立てられていった。しかも，彼らから，営業，SNSやマスメディアでの宣伝，業務管理，動画制作の具体的な方法を学びとることができた。それが，銭湯経営の順調すぎるほどの滑り出しにつながった。

6.2　ながぼ荘の廃業

　開放感のあったながぼ荘は，しばらくすると，ほぼ常連さんだけのお店になっていた。そもそも付近の住民以外に商店街を訪れる人は非常に少なかったし，いたとしても，入口付近に常連さんが集うカウンターがあったため，新規客が入りにくい雰囲気になっていた。一部の常連さん，そして，あまり詳しく書けないのだが，この地域の一部の関係者が，那須さんに見返りの少ないお願い事をすることが増えていき，さらには，身勝手に梯子を外されることもあっ

第Ⅱ部 「地域の価値」をどうつくるか

たという。開放的でありながらも気兼ねなく話せるという関係性が徐々に「一方的依存」の関係性へと変質していった。経営状態も好転しなかった。那須さんは，「人間那須礼二に強く関わってくれた人にはすごく申し訳ない」と感じつつも，2023年，ながほ荘を廃業した（（**図表７－５**の◇のセルを参照）。

　同年中に，彼は，テントサウナの話題で縁ができた会社経営者から大阪市港区築港の物件を借り，「湊食堂」を開業した。ここでも学習塾Terraceを入れて，飲食店と学習塾の融合を目指している。彼は，ながほ荘では，地元の人びととの垣根を無くす（さらにいえば壊す）ことを信条にし，人間同士として彼らと全人格的に関わろうとした。しかし，湊食堂では，常連さんとのおしゃべりを大事にしながらも，ながほ荘での反省から，常連さんが入口付近に溜まらないようなレイアウトにするなど，新規客が入りやすいような工夫をしている。

6.3　複合施設の復活へ

　ながほ荘の３階に入居していた学習塾Terraceは，生徒数が増えたため，ながほ荘廃業のしばらく前に，すでに榛原地区の近隣の物件に移っていた。ながほ荘廃業からしばらくして，Terraceの冨士本さんは，飲食，学習塾，キャリア教育を連関させて運営する複合施設（「晴れ舞台」）を宇陀市内で開くことに決めた。2024年４月の開業を予定して施工が進んでいる。冨士本さんは，もともと地元で人が集える場所を創りたいと思っていたため，ながほ荘が全てのきっかけではないが，那須さんや，お客さんとしてやってくる社長や起業家，フリーランスから「すごい刺激を受けた」という。

　　冨士本さん　僕が「晴れ舞台」の開業に踏み切ったのは，ながほ荘でいろんな人と出会って，「そんな生き方ができるんや」って思ったから，自分の基準や感覚が変わったから，というのもあります。人が変わる瞬間とか，勉強で言ったら「やる気スイッチ」って，僕はタイミングと環境のものだと思っているんですけど，僕はながほ荘があった２年間で，どこかしらのスイッチを入れられた，という印象があります。実際にそのような場所と人に触れているかいないかで，かなり違うんやろうな，と思います。

6.4　ながぼ荘の遺産

　人との垣根が無く，全人格的に接しようとする那須さんの人との関わり方は，日常的コミュニズムに根差した場を素早く創ることができた要因だった一方で，しばらくすると，一方的依存の関係性をもたらしてしまい，結果的にみて，商売上の失敗につながった原因にもなったのかもしれない。しかし，その関わり方は地域に予期せぬ遺産を残した。彼以外の移住者の多くが他人との適切な距離を保って自分の思い描いた生活や仕事を実現しようとするのに対して，冨士本さんが言うように，「駅前というど真ん中で，すごいクセのある，クセになる場所を創ったのは，〔那須〕礼二さんだけ」だった。そして，根拠の無い自信と情熱をもってただひたすらに人と関わろうとする彼の求心力に吸い寄せられた，個性的な仕事で生計を立てるフリーランスや社長から刺激を受け，仕事の仕方を学び，地域に根差した事業を始める人たちが出てきた。創り上げた場で人が学習し，変容したという点で，彼は地域に長期的な価値をもたらした。

　　　那須さん　宇陀で生まれた冨士本くんが「やる」と言って１人で動き始めたのを見て，ながぼ荘の撤退からずっと引きずっていた肩の荷がおろせたな，と感じました。そういう人間を遺しただけ，成功じゃないですかね，那須礼二の「宇陀章」に関しては。

◆謝辞
　調査・分析に協力してくださった以下の方々に御礼申し上げます。那須礼二さん，太田有哉さん，中澤一彰さん，三浦瑠花さん，冨士本聖史さん（個別指導Terrace），東幸子さん（friend sachi（ふれんど 幸）），中村文子さん（なちゅらるオアシス珈琲），木下浩也さん，燈舎さん，除本理史さん。本章は，北川（2022）を大幅に省略したうえで第６節を加筆したものです。転載を許可してくださった関西大学経済学会に御礼申し上げます。

◆参考文献
赤坂憲雄（1992）『異人論序説』筑摩書房。
北川亘太（2022）「仕事の実績の緩やかな搾取と抵抗　フリーランスの共同体における日常的コミュニズムをめぐる摩擦」関西大学『経済論集』第71巻第４号，115-149頁。
グレーバー，D.（2016）『負債論　貨幣と暴力の5000年』（酒井隆史監訳，高祖岩三郎・佐々

第Ⅱ部 「地域の価値」をどうつくるか

木夏子訳）以文社。

ボルタンスキー，L., È. シャペロ（2013）『資本主義の新たな精神』（三浦直希・海老塚明・川野英二・白鳥義彦・須田文明・立見淳哉訳）ナカニシヤ出版。

松本康治（2023）「ニッポン銭湯風土記『宝湯』復活に，地方銭湯の可能性をみた　奈良・御所の試み」『朝日新聞DIGITAL』2023年5月26日。

（https://www.asahi.com/articles/ASR5T7564R4SPOMB00J.html）（2024年2月21日確認）

（北川　亘太）

第 **8** 章

公害地域の価値をつくる
――熊本県水俣市および岡山県倉敷市水島地区の事例から

1 公害経験の継承を通じた地域再生

1.1 地域社会における分断の修復

　第1章で述べたように，公害などの「困難な過去」も「地域の価値」を構成する。これは，「困難な過去」に学ぶべき積極的価値・意義が含まれているからであった。生命・人権・平和など守るべき価値が破壊された過去の事象（「負」の出来事）から，逆説的に，破壊された積極的な価値や規範を学びとり，実現への行動につなげていく――その点に私たちが「困難な過去」を学ぶ意義があろう（除本，2024）。

　しかし，「困難な過去」は複雑な加害―被害関係があるために，解釈の分裂を生みやすい。そのため，それを「地域の価値」として共有するためには，地域の歴史を学ぶためのコミュニティをつくり，多視点性に基づく開かれた対話を通じて，立場が異なる人の間でも理解可能なストーリーを構築することが必要になる。公害地域の場合は，この取り組み自体が公害学習（あるいはより広く，公害経験の継承活動）であり，「困難な過去」から「地域の価値」をつくるプロセスの一部を構成する。

　公害の社会学的研究においては，被害者に対する地域住民などの差別や無理

127

第Ⅱ部 「地域の価値」をどうつくるか

解・無関心は「派生的加害」とされ，原因企業の「直接的加害」などとともに，広義の加害の一部と捉えられてきた（飯島・舩橋編著，2006，62-64頁）。しかし被害者にとっては，加害側と見なされてきた周囲の人々の理解を得ることなしに，公害問題を解決へと導き地域再生を図ることはできない。したがって，異なる立場の人たちを包み込む学習のコミュニティをつくることが不可欠である。

関礼子が「被害修復のポリティクス」と呼んだように，「困難な過去」をめぐる対話が緊張感をはらんだプロセスであることはいうまでもない（関礼子ゼミナール編，2016，219頁）。しかし，過去から学び地域の将来を考えるために，様々な立場の人々が同じテーブルについて対話を続けることが，地域社会における分断の修復につながっていく。

1.2　パブリック・ヒストリー実践としての公害学習

公害を含む地域の歴史を，共有可能なストーリーとして集合的に構築する営みは，パブリック・ヒストリー実践の1つとして位置づけられる。パブリック・ヒストリーとは，歴史解釈の「権限」を非専門家にも開放するとともに，専門家・非専門家を含む様々な主体の間での協働（collaboration）をつくりだすこと，そしてそれを通じ，歴史を現在・将来の目的やニーズのために活用することをめざす理論と実践である（菅，2019，31頁）。日本では歴史学よりも早く，都市計画・建築系の研究者がこれを導入し，内発的なまちづくりの手法として活用してきた（後藤ほか，2005；菅，2019，12-13頁）。

パブリック・ヒストリーでは，協働の理念は「解釈権の共有」（shared authority）として語られてきた。これは，専門家が歴史の解釈を独占し一方的に伝えるのではなく，人々の語りを重視したり，学ぶ側が歴史を解釈する余地を広げたりすることを意味する。これはさらに，専門家／非専門家だけでなく，「困難な過去」の解釈をめぐって立場が異なるステークホルダーの協働をも含意する（Cauvin, 2016, p.222）。

「解釈権の共有」は，歴史の「生産者」と「消費者」の区別を薄れさせ，両者が歴史の解釈を共同生産する方向へと導く（Gardner and Hamilton, 2017, p.12）。これは，第1章で述べた現代資本主義における価値生産の特徴とも合

致している。

1.3 公害学習とツーリズム

公害学習はツーリズムと結びつくことで，地域経済効果を生むポテンシャルをもっている。これはいわゆるダークツーリズムの一部を構成するだけでなく，産業観光などの側面も有する。各地につくられている公害資料館は，そのための重要な資源の1つと見ることができる（除本ほか，2023；清水ほか編，2023）。

ところが公害学習といっても，実際には「環境」学習が前面に出て，公害問題がコンテンツから抜け落ちてしまうことが珍しくない。これに対して，熊本県水俣市や岡山県倉敷市水島地区では，本章で紹介するように，公害問題に正面から向き合い，その経験を継承するとともに，公害学習をツーリズムと結びつけようとする取り組みが行われてきた。

これらの活動は，第1章で述べたコモンの「商品化」ではある。しかし地元主体が中心になっており，外部の主体がコモンを「消費」するのとは異なる。以下では，水俣と水島の事例をもとに，公害地域の価値をつくろうとする内発的な取り組みを紹介したい。

2 水俣病の学びが「地域の価値」をつくる

2.1 水俣「もやい直し」の意義

水俣市は，公害を引き起こしたチッソの「企業城下町」である。1973年，水俣病第1次訴訟で原告勝訴の判決が出され，補償協定が締結された。これにより認定患者が増加して補償金支払額が大きくなっていったため，チッソの資金繰りは急速に悪化した。水俣病患者は生命や健康を侵害されたことへの当然の償いとして，チッソに補償・救済を求めたが，多くの市民は，企業が衰退して生活がおびやかされることを懸念し，深刻な対立が生まれた。

しかしその後，産業構造転換にともなう地域経済におけるチッソの地位低下，水俣湾の公害防止事業（ヘドロ埋立）の完了，国家賠償等請求訴訟の政治解決への動き，といった一連の出来事を通じて，地域社会の枠組みに変化が生まれ

129

第Ⅱ部 「地域の価値」をどうつくるか

る。これを受けて，1990年代初頭に「もやい直し」の取り組みが始動した。その意義は，水俣病をまちづくりの前面に押し出したという点にある（除本，2016，137-167頁）。

水俣市で「もやい直し」という表現が初めて公式に用いられたのは，1994年の水俣病犠牲者慰霊式における吉井正澄・水俣市長（当時）の式辞においてであった。「もやい」という言葉は，船と船をつなぐ，あるいは人々が寄り合って共同で物事を行うことを意味し，市民の間でも日常的に使用されているが，吉井はこの言葉に次のような象徴的な意味を込めた。すなわち，水俣病事件を契機としてバラバラになった市民の心を1つにつなぎとめ，市民が助け合って地域社会を支えつつ，まちづくりを進めようという呼びかけである（山田，1999，32頁）。

それだけでなく「もやい直し」は，地域社会の安定と対立するものと見なされてきた水俣病を，地域固有の「価値」と捉え直し，まちづくりの前面に押し出すことによって，地域社会統合を進めようとしたのである。吉井正澄は，当時のことを次のように回顧している（吉井，2016，74頁）。

> 水俣の個性とは，他の地域が真似の出来ない水俣独特の価値である。水俣には，誇れるものが沢山ある。温泉もそうである。だが，市の周辺にも有名な温泉はいくらでもあり，温泉は水俣独特のものではなく水俣の個性と言い難い。個性探しは難航した。やがて，「水俣病」に気付く。「世界に類例の無い」と言われる水俣独特のもので個性ではないかと。
>
> だが，水俣病は，水俣を悲劇に追い込んだ張本人である。多くの市民は「水俣病は口にもしたくない」という。水俣病は，個性は個性でも，強烈なマイナスの個性であり，市民から嫌悪されるのは当然といえよう。しかし，そのマイナスの個性をプラスの個性に価値転換する，その過程が「新しい水俣づくり」であると考えた。忌み嫌われた水俣病と正面から向き合うことにした。

このように「もやい直し」の狙いは，水俣病事件のもつ意味を反転させ，学ぶべき教訓に満ちた地域の個性という積極的意味を付与することによって，

「地域の価値」を再構築しようとするところにあったと解釈しうる。そこで次に，「困難な過去」を積極的価値と捉え直し，被害者支援と地域活性化につなげようとする 2 つの取り組みを紹介したい（除本，2020）。ただし，新型コロナウイルス感染拡大前の調査に基づいていることをお断りしておく。

2.2　水俣病学習とツーリズム

第 1 は，水俣病学習を観光振興につなげようとする取り組みである。水俣市で修学（教育）旅行誘致を進めてきた老舗が，環不知火プランニングである。2017年度受入実績を見ると，教育旅行が2,292人，視察研修が622人（うち地域内宿泊がそれぞれ925人，73人）である。オフシーズンであればさらに受け入れることは可能だが，施設の制約もあり，スタッフ 3 人でできるところまではおおむね対応しているようである。

患者支援を行う水俣病センター相思社（以下，相思社）なども同様の活動をしている（相思社の2017年度受け入れは570人）。だが，水俣病の学習をツーリズムと結びつける努力は，これまでのところ支援者とその系譜を引き継ぐ人々の範囲にとどまっているといってよい。今後さらなる広がりが期待される。

「地域の価値」を再構築していくには，本来，多くの住民が水俣病事件と向き合い，その普遍的意義を読み取ろうとすることが望まれる。しかし，これは今もハードルの高い課題である。そのためには，やはりチッソ「城下町」の住民意識が相対化されなくてはならないだろう。

2.3　水俣病患者支援から生まれた有機農業の取り組み

第 2 は，水俣病事件の歴史を踏まえた有機農産物の価値づけである。これも相思社が源流となっている。

相思社は1975年に，患者の生産する甘夏の販売を始めた。患者の多くは漁師であったが，海の汚染と健康被害のために漁業で生計を立てることができなくなり，甘夏生産に転換していた。当時，相思社の扱った甘夏には，農薬や化学肥料が使用されていたため，相思社のメンバーが東京の生活クラブ生協を訪れた際，「公害反対運動をしているのになぜ農薬に無頓着なのか」と問われた。これをきっかけに，患者たちは1977年に水俣病患者家庭果樹同志会（以下，同

第Ⅱ部 「地域の価値」をどうつくるか

志会）を結成し，減農薬・有機栽培に取り組みはじめた（柳田，1988，69-90頁）。

生活クラブ生協は1968年に設立され，組合員世帯数は当初1,200あまりだったものが，1973年には1万5,000を超えるまでに成長した。環境問題についても関心が高く，たとえば，発足当初は合成洗剤を扱っていたものの，人体や環境への有害性が指摘されるようになり，1974年に洗濯用の粉せっけんを企業と共同開発した。1975年には合成洗剤から粉せっけんへの切り替えを訴える「せっけん運動」を開始している（小澤，2019）。

生活クラブ生協は，生産者に注文を付けもするが，積極的に買い支えもする。1978年から，同志会の甘夏は生活クラブ生協を通じて販売されるようになった。

1990年に相思社の甘夏関連事業は，ガイアみなまたとしてスピンアウトした。ガイアみなまたは有限会社の形態をとっているが，複数の家族による共同体といった方がわかりやすいだろう。甘夏を生産するのは，上記の同志会を前身とする生産者グループきばる（以下，きばる）である。

甘夏の大口取引先は，やはり生活クラブ生協である。きばるとガイアみなまたは，外部の認証制度に頼るのではなく，生産者同士や消費者との内的な関係性を通じて，甘夏の「質」を明らかにしている（除本，2022；Yokemoto, 2023）。こうした関係性を取り結ぶ場は，第1章で述べた学習のコミュニティといってよい。

では，その学習のコミュニティとはどのようなものか。第1に，情報開示と生産の改善を進めるうえでの関係性がある。きばるは，生活クラブ生協に毎年，肥料や農薬について計画と実績を報告するとともに，生活クラブ生協とのやり取りを通じて，一定の農薬の使用中止などの改善を重ねている。また，きばるは生活クラブ生協の援農ボランティアを年2回受け入れる。これは情報開示を直接の目的とはしていないが，消費者に生産現場を見てもらうという意味がある。

第2に，きばるのメンバーが首都圏などの消費地に赴いて，生活クラブ生協の組合員と接する交流会が毎年行われる。交流会では，きばるのメンバーが水俣病について語りながら，甘夏の共同購入を促す。語りの中では，減農薬・有機栽培に取り組みはじめたときの「被害者が加害者にならない」というスロー

ガンが強調される。交流会に集まるのは生活クラブ生協の理念に共鳴した消費者であり，生産者の話を直接聞いて集団的に学習し，きばるの甘夏の価値を理解する。

きばるの甘夏は，農薬を減らしているため，病虫害によって見た目が悪くなる。しかし，それは，安心して皮まで食べられるというセールスポイントでもある。交流会では，皮を使ったレシピの紹介と試食も行われる。

ただし，生活クラブ生協の組合員から見れば，きばるの甘夏は，自らが求める倫理的価値を備えた農産物の1つにすぎず，それだけでは選択する理由に乏しい。類似の有機栽培品と比較して，価格が安いわけでもない。したがって，水俣病と甘夏をめぐる由来の物語が，他の有機栽培品とは区別された「質」となっている。

由来の物語とは，生活クラブ生協が減農薬・有機栽培に転換するきっかけをつくり，共同購入が患者の生活再建を支えてきたというストーリーである。甘夏の購入という行為は，その歴史に自ら参加することを意味する。きばるの甘夏は，こうした生産者と消費者の関係性の中で「質」がテストされ，価値づけに成功しているのである。

したがってこれは，単に甘夏というモノの価値づけプロセスではない。そこでは，学習のコミュニティを通じて，水俣病事件という「困難な過去」が，学び参加すべきストーリー／歴史としての「地域の価値」に転換されている。そして，そのことがきばるの甘夏に対する価値づけを成立させているのである。

なお，患者支援を出発点として有機農業を開始した他のグループとして，1979年にスタートした「反農連」（反農薬水俣袋地区生産者連合）がある（鶴見，1996，184-186頁）。2006年10月には，企業組合エコネットみなまた農水産部門「はんのうれん」となり，2016年には，ここから「からたち」というグループが分かれた。いずれも，きばるやガイアみなまたと同様に，水俣病事件という歴史的背景を踏まえて，甘夏などの販売を行っている点が共通している。

第Ⅱ部　「地域の価値」をどうつくるか

3 ┃ 水島における公害経験の継承と協働のまちづくり

3.1　複合する「困難な過去」

　水俣と並んで倉敷市水島地区でも，「困難な過去」に向き合い，公害学習とツーリズムを結びつける取り組みが推進されている（除本・林編著，2022；除本ほか，2023；除本・林，2024）。水島は近代の「光」と「影」が凝縮されたまちであり，その歴史には複数の「困難な過去」が絡み合っている。それらが相互にどのように関連しているかをときほぐしながら，将来に継承すべきストーリーとして構築し，教育やまちづくりの資源を創出することは，「地域の価値」をつくる活動の一環である。

　かつて水島の中心部には東高梁川が流れていたが，明治末〜大正期の河川改修で廃川となった。アジア・太平洋戦争が始まる頃，その廃川地先に，軍用機を増産するため三菱重工業が名古屋から進出することが決まり，水島航空機製作所が建設された（1943年に操業開始）。それにあわせて，水島の市街地が急ごしらえで整備された。

　水島航空機製作所の疎開工場として亀島山地下工場がつくられたが，その掘削などに朝鮮人労働者が動員された。そのため，水島は在日コリアンの多い地域であり，県内唯一の朝鮮学校も所在する。

　水島臨海鉄道は，水島航空機製作所の専用鉄道として敷設され，戦後のコンビナート開発の基盤にもなった。コンビナートの立地は，地域経済の成長をもたらしたが，大気や海の汚染など深刻な環境破壊も引き起こした。埋め立て工事による漁場の破壊，水質汚濁による漁業被害，大気汚染によるイグサなどの農業被害が問題となり，さらに呼吸器疾患の患者が多発したのである。

　患者たちは1983年にコンビナート企業を相手取って倉敷公害訴訟を提起し，1994年に原告側勝訴，1996年に和解を迎えた。和解金の一部をもとに2000年に水島地域環境再生財団（みずしま財団）が設立されて「環境再生のまちづくり」に取り組んでいる。「環境再生のまちづくり」とは，主に都市地域で，地元主体が中心となって公害・環境問題の解決を図り，破壊された地域環境・地域社会を再生し，持続可能な地域をめざすことを意味する（除本・林編著，

2013，10頁）。

3.2 「みずしま地域カフェ」と公害資料館の開設

みずしま財団は2021年度から「みずしま地域カフェ」をスタートさせた。これは，住民や外部専門家などが集まって地域の歴史について学び，将来のまちづくりの方向性などを語り合う場であり，公害経験の継承と資料館づくりの一環である。これも，第1章で述べた学習のコミュニティであるといってよい。

そこで得られた情報をもとに，小冊子『水島メモリーズ』（A5判，カラー刷，16頁）が作成されている。これは「困難な過去」にも向き合いつつ，地域の面白さを発信する媒体になっている。地域の歴史についての解説，今後のまちづくりへの思いなどがコンパクトにまとめられており，往時の風景などの写真も豊富である。2023年度までで9編が発行され，倉敷市内の観光スポット，公民館，地域金融機関などで無料配布されており，好評を得ている。

『水島メモリーズ』は，必ずしも公害を前面に押し出していない。しかし，地域で人気の喫茶店，地元企業，子ども食堂など多様な題材を取り上げつつも，それらのストーリーの中に地域開発や公害に関連する話題が有機的に組み込まれるよう工夫がなされている。これはまた，「困難な過去」を個々人の多様な関心・知識・体験と接続しやすくすることで，学びの回路を開く努力でもある（除本，2024，39頁）。

この活動が奏功して，みずしま財団と必ずしも近しい関係になかった個人や団体との協働が深化しつつある。2022年度からは，「みずしま地域カフェ」開催にあたり，地元企業の協力を得ることも重視されている。2021年度にも水島臨海鉄道の協力を得て第3回が開催されたが，2022年7月の第5回は水島ガス，10月の第7回は萩原工業（化学繊維製品メーカーでブルーシートの国内シェア1位）の協力によりそれぞれ実施された（**図表8－1**）。

2022年10月，みずしま財団は，暫定的なミニ公害資料館（みずしま資料交流館，愛称：あさがおギャラリー）を開設した（林，2023）。みずしま資料交流館は，その名の通り，地域住民などの交流の場を提供するとともに，水島を訪れて学ぶ人のために導入的役割を果たす施設となることをめざしている。開館から約1年間で来館者数は1,000人を超え，知名度が高いとはいえず交通の便

第Ⅱ部 「地域の価値」をどうつくるか

がよいわけでもない小さな資料館としては，健闘しているといえよう。

図表 8 － 1 ◆ 「みずしま地域カフェ」の開催概要（2024年3月までの開催分）

	開催日および会場	概要
第1回	2021年8月23日，ニューリンデン（喫茶店）	郷土史家であった喫茶店の初代経営者の活動などについて，ご子息の現経営者から話を聞いた。また，初代経営者の遺した収集資料を見せていただき，その保存や活用などについても話し合った。
第2回	2021年10月26日，岡山朝鮮初中級学校	水島が岡山県内最大の在日コリアン居住地域であったことを踏まえ，水島にある県内唯一の朝鮮学校を訪問して，校長先生から話を聞いた。また，校内の見学も実施した。
第3回	2021年10月28日，常盤町集会所（水島臨海鉄道高架下）	水島が工業地帯として発展する基盤となった水島臨海鉄道の歴史について，OBと現役社員から話を聞いた。また，貨物ターミナルの見学も実施した。
第4回	2022年5月28日，みんなのお家「ハルハウス」	水島で子ども食堂を運営する井上正貴さんや支援者の方々から，活動拠点である「ハルハウス」で話を聞いた。また，一緒に昼食をとりながら交流も行った。
第5回	2022年7月19日，MPM Lab.（社長インタビューと現地見学は8月10日）	水島地区でもっとも歴史の長い企業の1つである水島ガスのOBと現役社員から話を聞いた。また後日，本社において社長インタビューを実施するとともに，球形ガスホルダー（ガスタンク）や太陽光パネルなどの見学も行った。
第6回	2022年8月10日，ライフパーク倉敷	1884（明治17）年の大水害に関する講演会を行ったあと，犠牲者が埋葬されている「千人塚」にも足を運んだ（倉敷市福田公民館人権教育講演会と合同開催）。
第7回	2022年10月11日，萩原工業本社	水島に立地し，ブルーシート国内シェア1位の化学繊維製品メーカーである萩原工業の会長（当時）から，同社の歴史や今後の展望について話を聞くとともに，工場の見学を行った。
第8回	2022年11月22日，水島勤労福祉センター	アジア・太平洋戦争中に，軍用機を製造する三菱重工業水島航空機製作所の疎開工場としてつくられた亀島山地下工場の遺構を見学。その保存・活用を考えるワークショップを行った。
第9回	2023年5月21日，倉敷市真備公民館川辺分館	2018年の西日本豪雨で大水害に襲われた真備地区に出張し開催。水害の記憶を伝える活動をしている方々から，真備の水害の歴史や，高梁川改修の問題点などについて話を聞いた。
第10回	2023年8月3日，呼松コミュニティーハウス	水島の「公害の原点」ともいえる呼松で，コンビナート誘致以前からの地域の歴史について，住民らから話を聞いた。また呼松に詳しい方の案内で，まちあるきも行った。

136

第 8 章　公害地域の価値をつくる

| 第11回 | 2024年3月15日，旧中山家住宅 | 倉敷市連島町にある国の登録有形文化財・旧中山家住宅（明治から昭和にかけて活躍し，戦後は水島コンビナートへの企業誘致にも裏方として尽力したといわれる実業家，中山説太郎の邸宅）で，保存活用に取り組む方々から話を聞いた。また邸内の見学も行った。 |

出所：筆者作成

3.3　「困難な過去」の学びとツーリズムを結びつける

　水島を環境学習のフィールドにすることをめざす円卓組織として，2018年3月に発足した「みずしま滞在型環境学習コンソーシアム」（以下，環境学習コンソーシアム）がある。初代会長に地元企業・萩原工業の会長（当時）が就任し，倉敷市，倉敷商工会議所，まちづくり団体や大学などから委員が選任されており，みずしま財団も事務局に参加している。

　名称には「環境学習」が掲げられているが，実際の活動においては，公害問題を取り上げることが難しいという課題があった。しかしその後，公害を含む「困難な過去」の学びをツーリズムと結びつけ，一定の貨幣収入の獲得と地域経済の活性化につなげる取り組みを具体化したことにより，状況に変化が生まれている。

　2022年度に，環境学習コンソーシアムは観光庁「地域独自の観光資源を活用した地域の稼げる看板商品の創出事業」に採択され，ツアーの開発，観光案内板やマップの作成などに取り組んだ。これは，地元住民や地域外からの訪問客に対し，公害・環境問題や地域に関する学びのツールを提供するとともに，それをツーリズムとも結びつけて地域活性化を図る取り組みである。

　採択された事業テーマは「『近代化遺産』の共生・共創を目指す水島」である。観光資源として位置づけられたのは，まず倉敷市指定文化財（史跡）である板敷水門や千人塚だが，それだけでなくアジア・太平洋戦争中に朝鮮人労働者を動員してつくられた軍用機生産のための亀島山地下工場の遺構，水島コンビナートなども視野に入れられている。

　この事業の成果は，第1に，研修ツアーのコンテンツを開発して6コースに整理しパンフレットを作成するとともに，環境学習コンソーシアムのウェブサ

137

第Ⅱ部　「地域の価値」をどうつくるか

図表8－2◆水島コンビナートを海から見るクルーズツアー

注：コンビナートクルーズは，環境学習コンソーシアムによる研修ツアーの一環として取り組まれている。(2022年7月29日，除本撮影)

イトも刷新して料金体系やツアーの内容などを見やすく掲載したことである。いずれの内容も，国連「持続可能な開発目標」（SDGs）の複数の目標と関連づけられている。あわせて，これらのツアーの魅力を伝える動画4本を制作し，YouTubeで公開した。

　ツアー開発には，「みずしま地域カフェ」を通じて得られた知見が活用された。6つのコースは，前述した複合的な「困難な過去」を含め，日本の近代化の中で水島のまちがつくられた歴史をカバーしている。

　第2の成果は，水島のまちなかに観光案内板を8か所設置したことである。設置場所は「水島まちづくり協議会」（市民団体，商店街，自治会，金融機関，交通事業者などで構成）の協力のもと，住民や学生によるワークショップを実施して選定した。案内板には，設置された場所にまつわる水島の歴史の説明や写真が掲載されている。説明文は，かつての商店街の繁栄など「光」の側面だけでなく，公害などの「影」の側面にも十分目配りする内容となっている。ま

第 8 章　公害地域の価値をつくる

た，案内板の位置を含む水島の観光資源マップも作成され，研修ツアーの参加者などに配布されている。

　環境学習コンソーシアムの2022年度の研修受け入れ実績は11団体544人にのぼり，うち7団体427人が中学・高校・大学の研修であった（みずしま滞在型環境学習コンソーシアム，2023，4-5頁）。ただし，団体数では11にとどまり月1回に満たない。企業の研修などを含め，さらに拡大の余地があろう。また，みずしま財団や環境学習コンソーシアムの収入確保を超えて，地域経済効果を生み出すという点でも課題がある。水島商店街振興連盟の会員数は1980年に237店だったが，近年は47店に減少しており（除本ほか，2023，11頁および注11），衰退傾向にある。商店街のラインナップが必ずしも中高生向けでないこともあって，研修の増加を商店街の活性化に結びつけるには，みずしま財団や環境学習コンソーシアムが地域の魅力を発信し，幅広い年齢層の来訪者を増やしていく必要があろう。

　水島での以上の取り組みは，多様なステークホルダーが協働し，公害の歴史にも向き合いながら「地域の価値」の共同生産を開始したことを示している。もちろん，公害問題を取り上げることに対する抵抗感が払拭されたわけではない。しかし，公害学習が地域活性化につながる可能性を目に見える形で提示したことにより，関係者の間に理解が広がりつつある。今後，水島において，公害経験の継承と協働のまちづくりがどのように進展していくのかが注目される。

◆参考文献

飯島伸子・舩橋晴俊編著（2006）『新版　新潟水俣病問題―加害と被害の社会学』東信堂。

小澤祥司（2019）『日本一要求の多い消費者たち―非常識を常識に変え続ける生活クラブのビジョン』ダイヤモンド社。

後藤春彦・佐久間康富・田口太郎（2005）『まちづくりオーラル・ヒストリー――「役に立つ過去」を活かし，「懐かしい未来」を描く』水曜社。

清水万由子・林美帆・除本理史編（2023）『公害の経験を未来につなぐ―教育・フォーラム・アーカイブズを通した公害資料館の挑戦』ナカニシヤ出版。

菅豊（2019）「パブリック・ヒストリーとはなにか？」菅豊・北條勝貴編『パブリック・ヒストリー入門―開かれた歴史学への挑戦』勉誠出版，3-68頁。

関礼子ゼミナール編（2016）『阿賀の記憶，阿賀からの語り―語り部たちの新潟水俣病』新泉社。

鶴見和子（1996）『内発的発展論の展開』筑摩書房。

第Ⅱ部 「地域の価値」をどうつくるか

林美帆（2023）「倉敷市水島の公害資料館開設とアーカイブズ―みずしま資料交流館ができるまで」『日本の科学者』第58巻第5号，17-22頁。

みずしま滞在型環境学習コンソーシアム（2023）『みずしま滞在型環境学習コンソーシアム活動報告書　2022年度』。

柳田耕一（1988）『水俣そしてチェルノブイリ―わたしの同時代ノート』径書房。

山田忠昭（1999）「『もやい直し』の現状と問題点」『水俣病研究』第1号，31-44頁。

除本理史（2016）『公害から福島を考える―地域の再生をめざして』岩波書店。

除本理史（2020）「現代資本主義と『地域の価値』―水俣の地域再生を事例として」『地域経済学研究』第38号，1-16頁。

除本理史（2022）「現代資本主義における価値づけの諸形態と倫理的価値―公害地域の再生を事例として」『季刊経済研究』第40巻第1-4号，3-21頁。

除本理史（2024）「『困難な過去』と経験継承の課題」『環境と公害』第53巻第4号，36-41頁。

除本理史・林美帆（2024）「公害地域の再生と協働のまちづくり―岡山県倉敷市水島地区の事例から」『環境経済・政策研究』第17巻第1号，47-50頁。

除本理史・林美帆編著（2013）『西淀川公害の40年―維持可能な環境都市をめざして』ミネルヴァ書房。

除本理史・林美帆編著（2022）『「地域の価値」をつくる―倉敷・水島の公害から環境再生へ』東信堂。

除本理史・林美帆・藤原園子（2023）「公害学習とツーリズム―岡山県倉敷市水島地区の取り組み事例」『経営研究』第74巻第2号，1-14頁。

吉井正澄（2016）「水俣病発見から60年―回顧と展望」『水俣学研究』第7号，35-86頁。

Cauvin, T.（2016）*Public History: A Textbook of Practice*, Routledge.

Gardner, J.B. and P. Hamilton（2017）"The Past and Future of Public History: Developments and Challenges", in J.B. Gardner and P. Hamilton, eds., *The Oxford Handbook of Public History*, Oxford University Press, pp.1-22.

Yokemoto, M.（2023）"Regeneration of Pollution-Devastated Areas Through Alternative Food Networks: A Case Study of Organic Farming by Minamata Disease Patients and Their Supporters", in M. Yokemoto, M. Hayashi, M. Shimizu and K. Fujiyoshi, eds., *Environmental Pollution and Community Rebuilding in Modern Japan*, Springer, pp.37-48.

（除本　理史・林　美帆）

第Ⅲ部

「地域の価値」の政策論

第 **9** 章

「地域の価値」の地域政策論

1 はじめに――本章の課題

　かつて，地域の固有性，環境，文化などの多様で共同的な生活要素は，市場経済化を推し進める地域開発の下で，経済的には非合理的な要素と見なされてきた。それらを守るためには，政府や市場に対抗して声を上げる市民社会の運動や世論が不可欠であった。それが今では，「地域の稼ぐ力」を実現する資源として企業からも注目され，地域の個性は政策的には総論賛成の状況となっている。これは社会経済の大きな変化である。

　地域の魅力には，消費される「価値」があり，地域振興の資源となりうる。それは，人々の興味・関心を引く要素であり，商品化されれば経済的な利益を生む可能性を持つ。他方で，「地域の価値」が資本蓄積の手段として利用されることで，短期的なブームや過剰な消費に流され，地域のサステイナビリティを脅かす恐れもある。「地域の価値」が商品化される動きに対して，どう対抗しながら利用するか。日本経済の場合，それは垂直的国土構造の再構築になるのか，それを乗り越える方向に進むのか，という論点とも関わってくる。本章では，地域振興の資源となる「地域の価値」の経済システムを，バリューチェーンと地域的分業の構造から分析し，「地域の価値」を活用するための政

143

第Ⅲ部 「地域の価値」の政策論

策的論点を地域的制度の観点から示したい。

2 ｜「地域の価値」の経済システム

2.1 「地域の価値」の源泉

本章では，「地域の価値」の経済システムを考察するにあたって，第1章で触れられたような，認知資本主義的な時代認識（山本編，2016）を基礎に置いている。

大量生産体制による画一性，硬直性に対する批判に対して，人々は個性，差異，商業化されていない「真正性」を希求するようになり，資本主義経済システムはこの批判を体制内に取り込んできた。そのために，現代では，価値生産の場が，工場や事業場に収まらない人々のトータルな生活過程へとシフトしている。生産と消費は融合し，価値は「差異」や「意味」と結びついて主観的に構築され，人々は「知識」や「情動」を消費する。

「もの」の機能は変わらなくても，そこに意味が加わることで価値は高まる。このとき，価値[1]はどこに生じるかと言えば，意味を感じる本人自体が「学習」や「体験」をすることを通じて，それまでとは異なる理解を獲得し，意識世界が広がることによって満足感が高まることによる。この私的な学習ないし体験の過程に，集団的な方向性を与えるのが「意味づけ」の工程である。

「意味づけ」は，個別のプロモーションにとどまらず，社会的な認知を構築する制度的なプロセスを含んでいる。何らかの事物の「意味」が多数から支持

---

1) 本章で扱う「価値」という概念について若干の整理をしておきたい。価値とは一般的に，主観的な満足感の増減に及ぼす客体の効果であり，主体の欲求と客体の属性との相関概念であって，客体に「意味」が付け加わることによる主観的な満足感の上昇を含む。経済学の伝統に則って，使用者にとっての価値と，取引者にとっての価値は区別される。客体の本源的な価値と，それを基にした経済的な利益の発生までの間には，いくつかの段階がある。「地域の価値」は本源的には地域の暮らしの「使用価値」である。それは，客観的・相対的な評価ではなく，地域に対する住民の愛着や誇りなどの主観的な要素を含んでいる。それが「商品化」されるということは，地域の「意味」を消費する人々に対する「顧客価値」（customer value）に転化することを表す。商品化と言っても，現代経済ではその指標は商品の「価格」とは限らない。意味の消費において重要なのは「共感」の広がりであり，共感が大きいほど，「地域の価値」を消費する人の数が増え，結果として，経済的な利益に転化する可能性が高まる。

第9章 「地域の価値」の地域政策論

を得ると，そこにある種の参照基準が生まれ，個人の解釈や評価はその参照基準を前提にして方向づけられる。参照基準を構築する過程は，専門家によって権威づけられたり，等級や商標などによって分類されたり，メディアによって流行が拡散されたりして，制度化され，強固になっていく。

「意味づけ」は言語によって行われるとは限らない。写真，アート，デザインがあることで，人々はそこに意味を読み取り，ストーリーを想像する。美的で歴史があり温かみを感じられる景観の方が，無秩序で面白みのない場所よりも価値が高いと感じられるのは，そこに意味を見出すかどうかによる。

「地域の価値」とは，社会的に構築される地域・場所・空間の差異や意味であり，非物質的な消費の対象となる地域のストーリーである。あるストーリーが普及すれば，その場所に以前よりも多くの人が訪れたり住んだりすることにつながる。人が集まると，その場所は他の場所よりも経済的評価を高める。意味の消費の比重が増えるにつれて，ポスト工業化の都市再生は，生産空間から生活空間へ，歴史の断絶（スクラップ・アンド・ビルド）から歴史の再評価（リノベーション）へ，機能主義からオープン・コミュニティへとシフトしてきた。

2.2 「地域の価値」のバリューチェーン

さて，上記のような「地域の価値」の考え方を基礎に置いて，本章では「地域の価値」の経済システムを論じていく。

ものづくりの生産工程に分業があったように，価値づくりの工程にも分業がある。「地域」はいまや意味づけ商品の1つであり，「地域の価値」のバリューチェーンを考える必要がある。バリューチェーンとは，経営学者のマイケル・ポーター（1985）が用いた概念で，企業における各事業活動を，各工程で価値を付加していく一連のプロセスとして認識するコンセプトである。この概念を援用して，「地域の価値」のバリューチェーンを分解すると，図表9－1の通りである。元になる「本源」的な部分と，「意味づけ」，「商品化」，そして「情報の拡散」という諸工程を区分する。

地域の「本源」的な価値とは，その場所の暮らしの中で形成されてきた人々の知恵や共感の積層であり，「地域らしさ」の源泉となる固有の共同生活条件

145

第Ⅲ部 「地域の価値」の政策論

図表9−1 ◆ 「地域の価値」のバリューチェーン

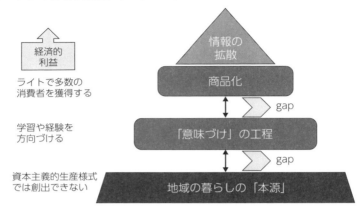

出所：筆者作成

である。地域の暮らしの「本源」と，「意味づけ」された「地域の価値」を区別することによって，「地域資源」と呼ばれるものの中身を正確に理解することができる。地域に存在する自然，人物，建物，風習，生業，産物，活動，歴史的事件などは，地域資源の元となる素材である。これらの要素は，地域の共同生活条件を構成し，暮らしの中でこそ実感される本源的な価値を高める。それはその場にいる本人が人生経験として獲得する「豊かさ」であって，商品として取引可能なものではない。

　その素材を使って何かしらのストーリーが作られる。「意味づけ」を伴うことで地域の素材は経済的な資源となる。工業化段階の地域資源は，自然の中から抽出され，物質的に加工され，工業的生産過程に投入されるという意味で「資源」であった。これに対して，認知資本主義段階の地域資源は，人々に知識や情動を与える商品の材料となる諸々の意味やストーリーである。

　「意味づけ」という工程は，本来は個々人が時間をかけて意識的・無意識的に積み上げていく認知，学習，体験の過程に，方向性（ディレクション）を与える行為である。同じ事物を見ても，人それぞれで感性や理解が違って当然であるが，適切な「意味づけ」が行われることで，そこにある種の共感，ないし共通の価値観が生まれやすくなる。「意味づけ」は，工業製品の生産工程と根

本的に異なり，感性，理解，表現，演出を必要とする工程で，人文科学的な解釈力・表現力あるいは芸術的な感性力を求められる。

　例えば，ある集落の農村風景を一部切り取って，古い土蔵を改築したオフィスで田園環境を眺めながら仕事をしていたり，せせらぎに足をつけながらノートパソコンで仕事をしていたりする情景がセットされたりすると，途端にその農村は，現代的なワーク・ライフ・スタイルの最先端の場として意味を変え，人々はそうした目線でその地域に憧れを抱くようになるかもしれない。このとき「意味づけ」された「地域の価値」は，とあるストーリーラインに沿って脚色されたものであり，本来の地域の暮らしの中に息づく本源的な価値そのものではないことに注意が必要である。

　「意味づけ」を与えられた対象は，しかし，そのことだけでは，人々の知識や情動を刺激するだけで，対価を支払う対象ではない。次に「意味」を何らか消費可能な商品に体化する「商品化」の工程が必要とされる。それはメディア上で加工・発信される場合もあれば，観光産業の形態を取ったり，販売する物品に意味が込められたりするケースもある。

　「地域の価値」を「商品化」する工程は，「意味づけ」された地域のストーリーを消費しやすいように，より単純化する作業でもある。商品化された「地域の価値」は，わかりやすいシンボルやブランドの形を取り，人々のイメージを固定化させる。地域の暮らしの本源的な部分が本来持っていた，理解に時間のかかる複雑な要素は捨象され，単純でインパクトのある理解に置き換えられる。これによって，地域はよりライトで多数の消費者層を獲得する。

　さらに，「地域の価値」の認知がいったん人々に普及するならば，その「意味」に追随する類似商品が次々と市場に投入され，「地域の価値」の消費を加速させる。追随者は，「意味づけ」の初期投資を省略して，情報の拡散に従事するだけで，高い利益を得ることができる。

　例えば，テレビや雑誌などの中央のメディアが観光地の特集やキャンペーンを組むことがある。それは観光地側から頼まれたからではなく，自らの媒体の売り上げや視聴率に寄与すると見込んだためである。中央メディアは，都会の消費者がどんなストーリーを欲しているかという情報に精通しており，「地域の価値」を売れる商品に展開させる術を心得ている。こうして，消費者が観光

第Ⅲ部 「地域の価値」の政策論

に行っても行かなくても，雑誌の売り上げや視聴率に貢献する形で，「地域の価値」は遠隔地のメディア上で消費され，経済的利益を生み出すことになる。

このように，「地域の価値」の「本源」的な価値と，「意味づけ」された価値，「商品化」された価値，そして「情報の拡散」によって生み出される利益とは，等価ではなく，それぞれの間にギャップが存在する。

「地域の価値」の「本源」的な部分は，その地域で人々が生きてきたことの積み重ねであり，資本主義的な生産様式でつくり出すことはできない。それは歴史や自然や社会と一体となった人々の知恵の結晶であり，過去からの継承こそが価値を高める。したがって，画一化を進める市場原理の浸透から取り残されたり，あるいは市場経済の動きに抗って固有の環境や文化を守り続けたりしてきた地域ほど，地域資源の素材は豊富である。しかし，経済的な利益は，「地域らしさ」を守ろうとする努力には直結せず，バリューチェーンの後工程に進むほど大きくなる。したがって，このバリューチェーンの中で，誰がどの工程を担うのか，ということが所得分配だけでなく，地域のサステイナビリティに関しても重要なポイントである。

2.3 「地域の価値」の地域的分業

「地域の価値」が資本主義的に取り込まれてくるほど，地域活性化の機会が高まり，経済は分権化すると理解されるかもしれないが，そう単純ではない。「地域の価値」の生産・流通にも地域的分業のシステムが作用するためである。

20世紀の日本経済は，資源を提供したり単純な組み立てを担当したりするものづくりの生産現場と，それを管理統括する部門とを分けて，空間分業を構築してきた。その結果，地方は安くて単純な労働に従事し，それらを統括する金融や流通などの部門を持つ大都市圏に高所得の仕事が集中するような，経済的な一極集中構造が作られた（中村，1985）。価値づくりの経済においても同様に，ストーリーの材料となる景観や生活文化は地方が提供する一方で，それに意味づけを与えて商品化したり，それを統括する部門が，遠く離れた大都市圏にあるならば，一極集中構造は形を変えて引き継がれていく可能性がある。

メディア，広告代理店，デザイン，プロモーション，旅行代理店，情報サービスといった「意味づけ」を担うビジネスサービスの工程は，圧倒的に首都圏

第9章　「地域の価値」の地域政策論

に集中している。地方都市にいくら魅力的な地域資源があったとしても，こうした「意味づけ」工程を地域外部の企業に委ねていては，「地域の価値」が消費されても，地域に対価は滞留しない。例えば，地域ブランドを活かした特産品を商品開発した場合に，デザインを頼んだり，ショッピングサイトで手数料を取られたりするし，ツアー商品を企画する旅行会社や魅力的なお店を特集する雑誌の売り上げに貢献していたりする。

　日本における「意味づけ」に関わるサービスの分業状況を，定量的に把握してみたい。ただし，厳密に数値化することは困難である。例えば，製造業や不動産業の中で，製品や建物にストーリーを与えて価値を高めている場合，それも「意味づけ」工程であり，理念的にはあらゆる産業部門が「意味づけ」サービスを含む可能性を持っている。ここでは，専門的・専業的に「意味づけ」に直接関わる部門を抽出するが，それらも「意味づけ」に関わらないルーティンの工程が大部分を占めることが想定され，厳密なものではない。

　まず，経済センサスの産業分類から，「意味づけ」に関わるサービスを小・中分類から15部門ピックアップして，その都道府県別従業者数を見てみる（図表9－2）。「意味づけ」に関わるこの15部門のサービスは，大まかに東京都に5割（約91万人），大阪，神奈川，愛知，福岡の4府県に全体の4分の1（約42万人）が集まり，それ以外が合わせて4分の1（約46万人）であり，大都市中心のヒエラルキー構造にあることがわかる。

　同じく，経済産業省の「特定サービス業実態調査」から「意味づけ」に関わる部門として，「ソフトウェア業」「インターネット附随サービス業」「デザイン業」「広告業」「興行場，興行団」を取り出して，年間売上高の分布を見てみる（図表9－3）。やはり各部門とも東京都に5割以上の売り上げが集中し，とくにウェブコンテンツやショッピングサイトなどに携わるインターネット附随サービス業は83.8％が東京都に集まっている。

　次に，「意味づけ」に関わるサービスの空間分業を把握するために，2015年の東京都産業連関表からデータを抽出してみる（図表9－4）。産業連関表から「放送」「インターネット附随サービス」「映像・音声・文字情報制作業」「広告」の4部門を取り出した。これら4部門において，東京都だけで国内全体の59％（19兆7,341億円），東京都以外の地域が残り41％（13兆8,868億円）を

149

第Ⅲ部　「地域の価値」の政策論

生産している。その他の地域から東京都地域向けにサービスを提供しているのが1兆5,566億円に過ぎないのに対して，東京都からその他の地域向けにサービスを提供している金額は10兆6,246億円と，その7倍近くある。東京都の「意味づけ」サービスの競争力が高く，国内全体に供給している構造を見て取れる。しかも，東京都の「意味づけ」サービスの海外への輸出額はきわめて小さく，もっぱら国内市場を対象としている。この点で東京経済は，グローバル都市というよりはドメスティックな国内一極集中都市である。

　このような垂直統合型の地域的分業の下で，国内各地で展開される地域づくりにおいて，「意味づけ」工程を東京の企業に頼ると，それは結局のところ東京経済の成長に還元されていくことがわかる。地方創生と言いながら，東京に依存し，一極集中構造を再構築しているわけである。

図表9−2◆「意味づけ」に関わるサービスの都道府県別従業者数（単位：人）

	東京都	大阪府	神奈川県	愛知県	福岡県	その他	うち石川県	全国
38 放送業	22,218	4,740	1,797	3,568	2,035	33,836	827	68,194
391 ソフトウェア業	437,493	77,405	90,202	42,359	26,499	181,569	5,534	855,527
40 インターネット附随サービス業	58,501	4,710	2,117	2,035	3,428	12,303	558	83,094
411 映像情報制作・配給業	41,156	3,972	1,216	2,098	1,735	10,252	371	60,429
412 音声情報制作業	5,669	357	126	45	37	416	2	6,650
413 新聞業	20,029	5,738	1,113	2,226	2,438	22,081	557	53,625
414 出版業	47,295	3,609	776	2,490	1,007	16,214	539	71,391
415 広告制作業	14,362	3,734	716	1,322	695	5,717	90	26,546
416 映像・音声・文字情報制作に附帯するサービス業	17,428	2,107	1,049	1,139	734	9,154	154	31,611
726 デザイン業	18,337	5,540	1,749	2,391	1,320	11,226	274	40,563
72E 経営コンサルタント業	68,393	9,890	5,346	6,344	2,528	30,585	655	123,086
72H 他に分類されない専門サービス業	48,957	9,643	8,750	5,972	4,490	49,058	715	126,870
73 広告業	62,484	12,713	3,433	7,644	5,694	32,757	595	124,725
791 旅行業	30,683	9,492	3,000	6,330	4,328	37,417	755	91,250
802 興行場（別掲を除く），興行団	19,246	2,778	1,556	1,783	756	11,318	92	37,437
合計	912,251	156,428	122,946	87,746	57,724	463,903	11,718	1,800,998
割合	50.7%	8.7%	6.8%	4.9%	3.2%	25.8%	0.7%	100.0%

出所：総務省統計局「平成26年経済センサス基礎調査」より作成

第9章 「地域の価値」の地域政策論

図表9-3◆「意味づけ」に関わるサービスの都道府県別年間売上高（単位：百万円）

	01 ソフトウェア業		03 インターネット附随サービス業		16 デザイン業		18 広告業		24 興行場, 興行団	
東京都	7,710,454	52.0%	1,657,865	83.8%	166,530	50.5%	5,380,367	64.7%	473,935	52.7%
大阪府	1,404,481	9.5%	45,057	2.3%	48,404	14.7%	971,509	11.7%	43,082	4.8%
神奈川県	1,825,482	12.3%	65,754	3.3%	9,486	2.9%	69,236	0.8%	26,823	3.0%
愛知県	855,944	5.8%	60,093	3.0%	20,839	6.3%	276,998	3.3%	49,752	5.5%
福岡県	457,213	3.1%	30,539	1.5%	12,272	3.7%	250,632	3.0%	42,929	4.8%
その他	2,586,478	17.4%	119,870	6.1%	72,232	21.9%	1,363,616	16.4%	263,616	29.3%
うち石川県	128,370	0.9%	1,318	0.1%	1,363	0.4%	23,624	0.3%	3,533	0.4%
全国計	14,840,052		1,979,178		329,763		8,312,358		900,137	

注：「特定サービス産業実態調査」において「意味づけ」に関わるサービスとしては，他に
　　「映像情報制作・配給業」「音声情報制作業」「映像・音声・文字情報制作に附帯するサー
　　ビス業」「出版業」を挙げられるが，これらに関しては都道府県データが公表されてい
　　ない。
出所：経済産業省「平成30年特定サービス産業実態調査」より作成

図表9-4◆「意味づけ」に関わるサービスの地域間分業（単位：百万円）

		東京都地域向け	その他地域向け	輸出	(控除) 輸入	生産額
東京都地域	放送	1,426,221	843,800	19	0	2,270,040
	インターネット附随サービス	3,879,486	7,287,069	298,598	-325,428	11,139,725
	映像・音声・文字情報制作	1,330,568	1,002,613	5,509	-843	2,337,847
	広告	2,465,275	1,491,091	144,509	-114,342	3,986,533
	合計	9,101,550	10,624,573	448,635	-440,613	19,734,145
その他地域	放送	893,681	1,560,686	32	0	2,454,399
	インターネット附随サービス	585,561	8,146,349	128,722	-1,500,035	7,360,597
	映像・音声・文字情報制作	0	1,215,286	1,269	-3,672	1,212,883
	広告	77,407	2,893,789	81,489	-193,741	2,858,944
	合計	1,556,649	13,816,110	211,512	-1,697,448	13,886,823

注：東京都産業連関表の公表されている統合小分類表では，ソフトウェア業を含む「情報
　　サービス」，デザイン業などを含む「その他の対事業サービス」，興行場などを含む「娯
　　楽サービス」はそれぞれ部門統合されており，全体の数字への影響が大きいので除外し
　　た。
出所：「平成27年（2015年）東京都産業連関表」より作成

　現状では，ディレクションやプロモーションなどを首都圏の企業と競争して
勝てるような企業は地方都市には決して多くはない。しかし，自律的な発展を
めざす地域側の課題としては，「地域の価値」に意味づけを与え，それを商品
化する工程を，各地域内に内発的に創出できるかどうかが問われてくる。

第Ⅲ部 「地域の価値」の政策論

3 │ オーセンティシティと地域的制度

3.1 「地域の価値」とオーセンティシティ

　「地域の価値」のバリューチェーンの複雑なところは，企業的な生産工程だけでなく制度的な過程を要する部分である。「意味づけ」された「地域の価値」はどのようにして社会的に認知されるのか。数ある「意味」の中で，より高く順位づけられる要素は何か。本節では制度論を援用して（立見，2019），「地域の価値」の「価値づけ形態」を検討する。

　感動を与える地域のストーリーは人間の創造性の限り無数にありうるが，それがいかにも「作りもの」に見えると共感を持続することは難しくなる。現代は意味づけされた商品が氾濫している時代であり，「作りもの」や「似たもの」のストーリーでは，最初は目を引いても，次第に飽きられてくるであろう。そこで，人々から広く長く共感を獲得するために，ストーリーにはオーセンティシティ（真正性）が求められる。

　オーセンティシティとは「本物らしさ」であって「本物」ではないが，それが「価値ある本物」だという認識が，個人的意識を超えて，社会的に広く共通認識になっていくと，他者の目線を気にする個人にとっても，優先される選択肢となっていく。逆に，社会的な共感を得られない限り，地域づくりは少数の自己満足的な活動にとどまり，広く市民権を得ることはない。

　「地域の価値」のオーセンティシティにとって重要なのは，それが「本源」的な部分にどれだけ依拠しているかという信頼である。例えば，都会では薄れてしまったローカルな要素（人との触れあい，近隣で協力しあうコミュニティ，余裕のある時間や空間，山や海など自然環境への近さ，風土に根ざした衣食住の慣習，歴史を感じる街の風景，伝統を醸す職人的なものづくりなど）がどれだけ「そのまま」の姿で残っているか，他の地域にはない固有性が，作りものでない純粋な姿でどれだけ残っているかどうか。それらの認知や評価は，個人の感性に根ざすとしても，参照すべき他者の評価によって裏づけられることで，より明確に意識されることとなる[2]。

　そこで，現代の地域づくりでは，「地域の価値」にオーセンティックな「質

152

第 9 章 「地域の価値」の地域政策論

的規定」を与える「社会的装置」のあり方に焦点が当たる。例えば、ある地域が自然栽培農法にこだわって地域振興を行っている場合、そうした自然農法こそが「本物」であり「価値の高い」ものであるという「質的規定」を与え、その認知を社会的に広める装置が必要とされる。「地域の価値」の社会的装置は、同じ興味や感性を持つグループを集団化して学習・強化する活動と、評価軸を構築する活動（何らかの認証制度や専門性の高いグループによる集団的評価など）が軸となる。

　第 1 段階としては、地域の何らかの要素に好感を持つファン層を開拓・組織し、彼らからの支持や応援、あわよくば熱狂や忠誠を得ることである。ファンは地域の独創的な「意味づけ」に感覚的に共感するところから発生するが、その共感を共有したり背景を学習したりする機会を経ることで、認知は明瞭に上書きされていく。潜在的なファン層を、登録したり、相互交流させたり、集団化する工夫が必要である。学習の場は多くのケースで有効な社会的装置となっている。SNSによる双方向型の情報社会においては、ファンは自発的に地域の情報を発信し、仲間を増やし、相乗効果を発揮する。

　第 2 段階としては、コアなファンの評価を一般化し裾野を広げる仕組みを創ることである。例えば、評価される要素を言語化あるいは数値化して説明し、地域のポジションを箔付けした上で、評価の基準を社会的に浸透させる、といった諸工程である。パリのファッションショーやテロワールワインの産地名などは、一種の格付け装置となっており、特定の地域の認知上の地位を持続的に更新することに貢献している。

　こうした社会的装置が機能すると、参照基準は明瞭になり、人々は他者からの共感を予測しやすくなる。追随者もその価値観のコミュニティに入りやすくなって、地域の支持者は入れ替わりを伴いながら広がっていく。「地域の価値」のような曖昧で時流に流されやすい評価も、社会的装置によって制度的に安定するのである。

　このような「価値づけ」の社会的装置の設計や運営は、市場競争によって生

---

2)　マキャーネル（2012）は、近代世界が社会を分化しながら統合しようとする精神に観光の近代社会構造を見出し、観光対象が「聖化」される制度的過程を理論化した。本稿はこのような制度論的な分析視角を参考にしている。

153

第Ⅲ部　「地域の価値」の政策論

まれるものではなく，また行政や企業のような単体の組織によって実行される
ものでもない。制度は，共感のネットワークを基礎に，共通の価値観を有する
人々の合意と協力によって，当初は暗黙的に，そして次第に明示的に形成され
ていく。

　制度の優位性をめぐっては，制度間の競争が存在する。各地で独自のコンテ
ストなどが実施されているが，例えばカンヌ映画祭やパリのファッション
ショーのように，その中でも特に権威づけられるものがある。その背景には，
地域のイベントが国際的な評価ランキングと連動する重層的な制度が存在する。
後発地域の戦略としては，ある程度確立した評価制度の下でランキングを上げ
ていくか，あるいは，まだランキング制度が明瞭でないニッチな領域を新規に
開拓していく方法がある。国際家具デザインコンペを長年続けている北海道旭
川や，サイトスペシフィックな現代アートの領域を開拓してきた新潟県越後妻
有の大地の芸術祭など，多くの地域で独自の参照基準づくりが競われている。
いずれにせよ，現代の地域づくりにおいては，「地域の価値」の社会的装置を
構築・運営する「主体性」が重要になってくる。

3.2　「地域の価値」の両義性と制度的調整システム

　「地域の価値」の商品化には歴史的な段階があり，資本主義の再帰性（ベッ
クほか，1997）と関わっている。日本における地域づくりの第1段階（おおむ
ね1970年代以降）では，20世紀の大量生産システムへの批判として，環境やコ
ミュニティや文化の多様性を求める社会運動が起こった。この段階では，市場
経済の画一化作用に対して地域性を保全することは一種の抵抗運動であった。
第2段階（おおむね1990年代以降）で，大量生産システムを支えてきた生産主
義的な産業が低迷するようになると，生き残りを模索する地域の現場から，自
然，アート，食，歴史，スポーツなど様々な地域資源を使った地域再生アプ
ローチが登場してきた。第3段階（おおむね2010年代以降）になると，個性的
な地域の要素は幅広く人々に求められるようになり，今度は資本主義的動機か
ら「地域の価値」を商品化して利益を得ようとする動きが全面的になってくる。
こうして経済開発から守られてきた地域の景観や文化が逆に経済的価値を持つ
ようになり，やがてそれが新たな問題を引き起こすことになる。

154

第9章 「地域の価値」の地域政策論

　国内周辺部に位置する地域経済の多くは，グローバル化の下で所得形成の機会を減らしている。かつての主要産業が衰退し，新しい収入源を欲している地域にとって，「地域の価値」を所得に還元することが強く求められている。しかし地域にとっては，「地域の価値」の商品化は諸刃の剣である。

　「地域の価値」の商品化がいち早く進んだのは，観光地となった後進地域（低開発地域）であった。大都市の旅行業やメディアなどが，遠く離れた地域に「意味」を与え，場合によっては，それは地域の人々が求める暮らしとは違うものになっていく。ジョン・アーリらは，地域外部の「まなざし」（gaze）によって地域のあり様が変容することを指摘している（アーリ，ラースン，2014）。「地域の価値」の商品化が行きすぎると，地域住民の生活文化とはかけ離れた「地域テーマパーク」に変質してしまったり，観光公害によって地域生活がおびやかされたりする危険性がある。その場合，「地域の価値」はオーセンティシティを失い，持続可能ではなくなっていく。

　かつて工業化が進む段階において，地域にとって工業化自体が単純な善悪のどちらかなのではなく，工業生産の現場として搾取されるだけの地域になるか，それとも工業の生産・流通工程を上手に取り込んで自律的に発展していく地域となるか，という「経路」の違いがあった（森田，2024）。同じように，「地域の価値」が資本蓄積過程に取り込まれてくる段階においても，地域の側は，これに対抗しながら利用していくための地域的な制度を構築していけるかどうかが，地域発展の経路に決定的に関わってくる。

　ここで地域的制度とは，中村（2004）の提起する「地域的政治経済システム」を念頭においた分析視角である。中村は，「地域経済を超える大きな経済圧力は同じでも，実際の地域経済への影響は，地域経済間の対応の差，地域の制度的な調整力の差によって，地域ごとに全く異なった結果として現れる」と論じた（中村，2004，113頁）。地域の制度的調整システムが発揮される背後にあるのは，地域の政治経済構造である。

　「地域の価値」に関わる地域的制度は，バリューチェーンに応じて多層的である。「地域の価値」の源泉となる「本源」的な要素の存在，それらを市場原理から守るための諸制度，「意味づけ」を共有する場やネットワーク，バリューチェーンの各工程を担う経済的アクターの存在，オーセンティシティを付与す

第Ⅲ部 「地域の価値」の政策論

るための「価値づけ」の社会的装置，そしてそれらが一体となった地域の集積構造は，自然に存在するのではなく，地域の諸主体の意識的・戦略的な取り組みによって多層的に形成されていく。

4 現代の内発的発展と地域的制度

現代の地域政策は，経済の認知資本主義的な変化に対応した地域的制度をいかに構築・調整していけるかにかかっている。「地域の価値」に根ざした地域振興を内発的で持続可能なものにするためには，複合的な制度が必要になる。本章におけるここまでの検討に基づいて，「地域の価値」に関わる地域的制度の枠組みを，ひとまず以下の6つに整理して提起したい。①「本源」的な価値の保全，②「地域の価値」のクオリティ・コントロール，③「意味づけ」の方向性の共有，④「意味づけ」工程の担い手育成，⑤「価値づけ」の社会的装置の構築，⑥「地域の価値」の地域内経済循環の仕組み，である。具体的な表象を得るために石川県金沢市を事例にしながら[3]，これら6つの地域的制度の発展可能性を検討する。

4.1 「本源」的な価値の保全

「地域の価値」の政策において，最初に求められるのは，他の地域と比較して特筆すべき素材が賦存しているかどうかである。必ずしも珍しいものがあればよいわけではなく，かつて地域の暮らしの中では当たり前だったものが残っていることはレアな要素である。それは偶然に（所与のものとして）存在しているだけではなく，市場原理の合理化の下で消失してしまわないように保全する制度と，その支持基盤が必要とされる。「地域の価値」は地域に固有なもの

---

3) 金沢は北陸地方に位置する人口約45万人の中核市である。1968年に日本で最初の都市景観条例を制定し，加賀藩時代の城下町の雰囲気がいまに残る歴史文化都市として知られている。2015年に北陸新幹線の長野—金沢間が開通し，金沢エリアの観光客入込数は，700万人台から1000万人台へと急伸した。他方で，前出の図表9-2，9-3を改めて見てみると，「意味づけ」に関わるサービスに関する石川県の従業者数，売上高ともに1％にも満たず，競争力を持っているとは言いがたい。地方都市としての良さと悪さを有している。金沢の取り組みの詳細については，除本・佐無田（2020，第3章）を参照。

156

に関わることが多く，国の法的制度よりは自治体の条例やコミュニティの協力が軸になってくる。垂直統合型の日本の地域制度の下では，自治体レベルで強制力のあるルールを作ることは難しいが，守るべき価値の基準を明文化し，コミュニティの相互監視によってそれを保全していくことは可能である。

　金沢の場合は，戦災に遭わなかったために歴史的街並みが比較的残されてきたことに加えて，早くから景観保全を重視して，自治体の条例で明示的な基準を定めてきた。地区ごとに建物の高さや緑化等の景観形成基準を設け，建物以外についても，こまちなみ保存条例（古い建物の並ぶ細街路を対象），用水保全条例などが細かく整備されてきた。こうした一連の景観条例は，強い規制力を持つわけではないが，実現すべき景観の方向性ないし基準を指し示す。条例には，金沢のコミュニティが大事にする価値がおおむね盛り込まれているため，この地域で事業を円滑に営む上で，景観に配慮し，ある程度は自制しなければならない雰囲気が醸成されている。

　文化的景観には人々の暮らしの営みの要素が含まれており，建築に関する基準だけで保全することは難しい。金沢市は2000年に「金沢まちづくり条例」を制定して，市民参画によるまちづくりを「まちづくり協定」という手法で推進している。2019年までに39地区で協定が結ばれており，開発事業を行う場合や屋外広告物を設置する場合には，それぞれ指定の地域の団体と事前協議することを求めている。協定には，用途の制限，広告物の制限，物品販売の内容など，景観条例ではルールづけしにくい内容が含まれており，それらを明文化することで，地区の多様な状況に応じて，住民自身の共有できる価値基準で「地域の価値」を守ろうとする制度になっている。

4.2　「地域の価値」のクオリティ・コントロール

　地域内部の合意で守られた「地域の価値」は，元来は暮らしの本源的な要素であり，そこに住む人々にとってのみ意味を持つが，現代ではそれはオープンに地域外の人々からも評価される対象ともなる。地域が選択的な対象になるほど，「地域の価値」の質をめぐる競争が顕在化する。地域側としては，「地域の価値」の質を常に更新し，他地域と比較して高い「質」を持つことを証明しなければならない。

第Ⅲ部 「地域の価値」の政策論

　金沢では守るべき「地域の価値」として，伝統，文化，景観といった領域が重視されてきたが，1990年代以降そこに「文化の創造」という言説が加わった。文化政策の転換の象徴となったのは，2004年に開館された金沢21世紀美術館であった。それは現代アートを取り入れた文化まちづくりを牽引し，まちの中で創造的な活動を行う際のある種の参照基準となってきた。同美術館は，特に北陸の文化資源としての「工芸」に目をつけ，金沢・世界工芸トリエンナーレや「工芸未来派」展を催して，工芸の現代化・国際化[4]というテーマに力を注いだ。伝統の枠内での国内評価にあぐらをかいてきた工芸という領域を，現代アートの表現メディアの1ジャンルとして「意味づけ」し直し，国際的な評価の土俵に載せることに尽力してきた。

4.3 「意味づけ」の方向性の共有

　「地域の価値」は地域住民にとっては日常に存在する暮らしの要素であって，そこにあえて「意味づけ」をする内的動機は存在しない。地域の「意味づけ」のためには，何らかの外的視点が必要となる。移住者や観光業者や研究者などの役割は，他地域と比べることで，その地域に何らかの特別のストーリーを見出し，それを表現することである。ただし，外部目線の「意味づけ」に完全に依存してしまうと，本来地域住民が大事にしていた部分が変容してしまったり，過剰に観光消費されたりして，自律的でなくなっていく恐れもある。そのため，外部目線を参考にしながらも，地域の人々が自分たちの価値観に基づいて「意味づけ」の方向性をある程度共有・発信する過程が大事になってくる。

　2015年に長野―金沢間が開業した北陸新幹線は，これを「ブーム」として利用しようとするキャンペーンを呼び起こした。北陸に商品価値があると見定めた中央のメディアや大企業が次々と新幹線に乗って北陸特集を企画した。金沢の主なシンボルアイコンとなったのは，近江町のカニ（あるいは海鮮丼）と，

---

[4]　ここで「工芸」は，英語でCraftではなくKogeiである。Craftは手作業でつくられた手芸・民芸品の意味あいがあるのに対して，日本の「工芸」は，実用品に芸術的な意匠を施して，機能性と美術的価値を融合させた工作物をさす。金沢では，地域の風土に育まれながら洗練された職人の技を結晶させて，それを芸術の域にまで高めた日本のKogeiを，Craft一般とは違う，世界に通用する言葉として打ち出そうとしている（秋元，2016）

東山などの歴史的街並みであった。その結果，アイコンを消費する観光客がスポット的に大挙して押しかける事態となった。

　金沢においても，拡大する観光との向き合い方は難しいテーマである。観光客の増加を単純に喜ぶのではなく，地域主導で「金沢らしさ」を発信すべきだという認識は強いが，その「意味づけ」を共有する過程は必ずしも制度化されてはいない。一例として，山出，金沢まち・ひと会議編（2015）は，「金沢らしさ」の本質として，①ヒューマンスケールの親しみ，②緑と水の癒し，③ハイグレードのこだわり，④もてなしと思いやり，の４つを提起する。観光に利用できるわかりやすいアイコン的な伝統や文化ではなく，時代の変化にあわせて市民が意識して磨きつづけていく「都市格」に立ち返るような議論が打ち出されている。

4.4　「意味づけ」工程の担い手育成

　「意味づけ」は，ものづくりと異なる専門的な工程である。これに長けた人材は日本では大都市圏（特に東京）に集中しているが，「意味づけ」工程を担える人材を地域内に育てる工夫が必要である。可能性としては，東京の企業との協業やU・Iターン人材の活用を通じた技術の移植が１つの道筋である。同時に，地元人材が「地域の価値」を演出する機会に参画，学習，実践するような人材育成の仕組みを工夫する必要がある。

　金沢21世紀美術館の開館を境に，金沢の文化ムーブメントに注目して，東京から移住してくるU・Iターンのクリエイターやアーティストが増えた。彼らの専門分野は，工芸，音楽，映像，建築，コンピューターアートなど多領域にわたり，作品づくりだけでなくまちづくりにも携わるネットワークが生まれた。こうした専門人材と連携しながら，地元人材が「意味づけ」工程の経験を積むプロセスが重要である。例えば，文化まちづくりの活動をしている認定NPO法人趣都金澤という組織には，若手経営者層に加えて，アーティスト，ギャラリスト，建築家，行政職員など多様な市民層が参加している。金沢の演出を大手企業や大都市のコンサルタントに委ねるのではなく，自分たちで文化プロジェクトのディレクションを行う訓練機会を提供している。

第Ⅲ部 「地域の価値」の政策論

4.5 「価値づけ」の社会的装置の構築

　地域は総合的な存在であるが，それをバラバラに演出していては高い評価を獲得することはできない。「地域の価値」の戦略領域を設定し，その領域自体の認知，および，その領域における評価のランキングを広く認知させるための社会的装置の構築が課題となる。この制度は前述したように，ファン層の組織化と評価軸の構築が軸となる。

　金沢では「工芸」が戦略的な領域の1つに位置づけられている。金沢市や石川県には工芸関係のイベントは多数あるが，なかでも工芸アートの価値づけ装置となるべく活動しているのが，「工芸アートフェア金沢」である。このイベントは，国内唯一の工芸に特化したアートフェアであり，金沢に来れば最先端の工芸情報を得られるという拠点性を目指している。国内外のギャラリーが集まって，若手から世界的なアーティストまで100名以上の工芸作品を展示販売している。

4.6 「地域の価値」の地域内経済循環の仕組み

　最後に，「地域の価値」が商品化され，それが経済的にも利益を生み出すようになるならば，その利益の一部を「地域の価値」に再投資するような地域内経済循環の仕組みを工夫する余地がある。地域内で「意味づけ」「商品化」の工程に成功できたならば，それを「本源」的な価値を作り出す上流工程に還元する仕組みを作らなければ，バリューチェーンのシステムとして持続可能ではない。この経済循環の制度は，民間の社会的投資の仕組み，あるいは公的な税制度を導入するか，いくつかのやり方がある[5]。

　地域経済の観光化が進み，都市の容量に対する観光の負荷が従来よりも高まっていることから，全国各地で宿泊税の導入が増えている。金沢市でも，「金沢の歴史，伝統，文化など固有の魅力を高めるとともに，市民生活と調和した持続可能な観光の振興を図る施策に要する費用に充てるための法定外目的税」として，2019年4月から宿泊税（1泊200円／500円）が導入された。歴史

5）　観光から地域の文化資源への経済循環の制度に着目した初期の研究として，清水（2004）参照。

第9章 「地域の価値」の地域政策論

的街並み・景観保全や観光振興などに税収を活用している。まだ経済循環と言えるほどの規模ではないが，こういった制度が，観光投資の適度なバランスを取る上で有効に機能する制度になっていくかどうか，試行錯誤の段階であると言えよう。

　本章では，「地域の価値」の源泉とバリューチェーンに関する理論枠組みを提示し，現代的な内発的発展のための政策課題を，地域的制度の観点から整理した。「地域の価値」は1つの制度で支えられるわけではない。地域的制度は複層的で動態的である。制度は，その制度によって長期的な利益を期待する構成員の支持によって支えられるが，外的変化によって均衡は変わりうるものであり，状況に対応すべく新しい制度も考案されていく。金沢の事例を検討して分かることは，地域において共同的な関係性を持つ諸主体が，個別利益よりむしろ地域単位の（連帯的な）便益を求めて，制度の構築に能動的に携わろうとする試行のプロセスが各方面に存在することであり，それによって時代に応じた地域的制度が段階的に形成・修正されていくということである。「地域の価値」に関わる地域政策の実効性を分析するためには，「本源」的な素材部分，意味づけや商品化の諸工程を担うアクター，オーセンティシティと関わる社会的装置，それらの相互作用を含む形で，地域的制度の多層的な構造を動態的に解明していく必要があろう。

◆参考文献

秋元雄史（2016）『工芸未来派―アート化する新しい工芸』六耀社。

アーリ，J.，J.ラースン（2014）『観光のまなざし（増補改訂版）』（加太宏邦訳）法政大学出版局。

清水麻帆（2004）「都市再生事業における文化インキュベーターシステムの役割―サンフランシスコ市Yerba Buena Center再開発プロジェクトの事例研究から」『地域経済学研究』第14号，81-107頁。

立見淳哉（2019）『産業集積と制度の地理学―経済調整と価値づけの装置を考える』ナカニシヤ出版。

中村剛治郎（1985）「日本の都市と地域構造」『エコノミア』第87号，26-58頁。

中村剛治郎（2004）『地域政治経済学』有斐閣。

ベック，U.，A.ギデンズ，S.ラッシュ（1997）『再帰的近代化』（松尾精文ほか訳）而立書房。

ポーター，M.E.（1985）『競争優位の戦略―いかに高業績を持続させるか』（土岐坤ほか訳）

161

第Ⅲ部　「地域の価値」の政策論

ダイヤモンド社。

マキァーネル，D.（2012）『ザ・ツーリスト──高度近代社会の構造分析』（安村克己ほか訳）学文社。

森田弘美（2024）『資本の性格と地域制度──富山・新潟・福島の近代電力産業に関する比較分析』日本経済評論社。

山出保，金沢まち・ひと会議編（2015）『金沢らしさとは何か──まちの個性を磨くためのトークセッション』北國新聞社。

山本泰三編（2016）『認知資本主義──21世紀のポリティカル・エコノミー』ナカニシヤ出版。

除本理史・佐無田光（2020）『きみのまちに未来はあるか？──「根っこ」から地域をつくる』岩波書店。

(佐無田　光)

第 **10** 章

現代地域発展論
—— 社会連帯経済から「地域の価値」へ

1 | 本章の課題

　本章では，資本主義の変化を縦軸に，社会連帯経済論（ESS：Économie Sociale et Solidaire）[1] と「地域の価値」論を架橋することで，これからの地域発展のあり方を探ることにしたい。社会連帯経済とは，特に2000年代になって，現代資本主義が引き起こす失業・貧困・環境破壊をはじめとする深刻な諸問題——空間的には地理的不均等発展の拡大という形をとる——へのリアクションとして世界各地で活発化してきた，オルタナティブな実践／理論であり，参加型民主主義の力で経済を統治し，「皆にとって善いこと」＝「共通善・財」（bien commun）の生産へと経済を方向付けようとする試みである（立見ほか，2021）。

　以下では，コンヴァンシオン理論の諸議論と，コンヴァンシオン社会学のリュック・ボルタンスキーとエヴ・シャペロの『資本主義の新たな精神』

---

1)　本章では連帯経済と社会連帯経済という2つの表現を用いている。前者は一般的呼称，後者はフランスの制度的呼称という違いがあるが，ここでは読みやすさに配慮して基本的に同義として扱う。また，原語がフランス語の組織名や制度名に関しては，英語ではなくフランス語のカタカナ表記としている。

第Ⅲ部 「地域の価値」の政策論

（1999＝2013）を手がかりに[2]，これまでの地域発展をめぐる考えや政策の変遷を位置付け直しながら，今後の展望について考えていく。

ボルタンスキーとシャペロによれば，資本主義は，「形式上は平和的な手段による，資本の無際限な蓄積という要求」（ボルタンスキー，シャペロ，2013，上・29頁）を特徴とする。それは人々を否応なく無際限な富の蓄積へと駆り立てる仕組みであり，この意味で，経済成長は資本主義経済において欠くことのできない本質的な要素であると言える。しかし，同時に，それは放っておくと利益の追求がいきすぎてしまい，自然，労働や暮らしの基礎を突き崩し，ひいては経済成長の基礎をも壊してしまう危険を内包する。そのため，資本主義的レジームの維持においては，それを支える何らかの仕掛け——制度と呼んでも良い——の創出が不可欠となる。

そして，ボルタンスキーとシャペロの議論において鍵となるのが，「資本主義の精神」と呼ばれる資本主義的レジームを正当化する規範の存在である。「精神」は，資本主義の正当化を通じて，人々を資本蓄積の過程に積極的に参加させる役割を果たす。しかしながら，それは同時に，規範が指示するところの「あるべき状態」と現実との乖離を人々に認識させることによって，批判の論拠ともなりうるものである。

本章の構成は次のとおりである。まずは資本主義の変化を「資本主義の精神」を軸に確認しながら，高度経済成長期の地域発展理論から地域の個性や暮らしに着目し，地域独自の特徴を生かして地域発展を実現しようという「内発的発展」論の登場までの流れを追う（第2節）。その上で，新しい地域発展理論として，内発的発展の具体化とも言える連帯経済の理論を提示する（第3節）。連帯経済は，フランスでは社会連帯経済と呼ばれ2014年に法制化されている。社会連帯経済法の全体枠組みと，制度の中身について検討し，地域発展理論としての特徴を描く（第4節）。

---

2) コンヴァンシオン社会学は，コンヴァンシオン経済学とともにコンヴァンシオン理論と総称される。それはフランスで1980年代以降に形成されてきた人文・社会科学の新しい潮流で，方法論的には「複雑なプラグマティズム的制度主義（complex pragmatist institutionalism）」（Diaz-Bone and de Larquier, 2022）を特徴とする。コンヴァンシオン理論の詳細については，立見（2019），立見・山本（2022）の他，本書第2章を参照されたい。

第10章　現代地域発展論

　最後に，市場経済の今日的変化を扱う諸議論を検討することで，市場経済の力を利用しながら連帯経済など経済と社会のバランスをとった地域発展を進める可能性について検討する（第5節）。結論を先取りすると，社会連帯経済と「地域の価値」の交差する地点に，1つの可能性が見出される。

2 ┃ 資本主義の発展と地域 ──「資本主義の精神」の視点から

2.1　資本主義の精神

　ボルタンスキーとシャペロによると，資本主義は，「皆にとって善いこと」（＝共通善・財）という点から資本主義を正当化し，人々を活動に巻き込んでいくような精神（規範）を必要としている。ただし，資本主義の精神は，資本主義を正当化するだけではない。「蓄積過程に固有の枠組みを与える」ことで，道徳的に資本主義に歯止めをかけるものである。つまり，ルールを打ち立て，資本主義に歯止めをかけるための道徳的な基礎となる。そして，「精神」は，「具体的な蓄積過程と規範的な社会秩序の構想」のずれを告発可能とし，批判の視点ともなりうる（ボルタンスキー，シャペロ，2013，上・61頁）。

　資本主義は批判を受けて改良・改善を加えたり，批判をかわすためにそれを精神に取り込んでしまい，姿を変えていく。批判は，資本主義の持続にとって重要な意味を持っている。批判は，資本主義に完全に回収されることなく，再活性化し，第4節以降で詳述するような試みを生み出す動力にもなりうる。

　ボルタンスキーとシャペロによると，資本主義への批判はこれまで種々行われてきたが，大きく分けると2つのタイプが存在するという。「社会的批判」と「芸術家的批判」である。第1に社会的批判は，労働運動によって行われてきたタイプの批判で，資本主義が生み出す搾取・貧困・不平等，そして社会的連帯の破壊を問題にし，安定的な雇用環境など生活上の安全を要求する。これに対し，第2の芸術家的批判は，19世紀のパリのボヘミアン（自由奔放なライフスタイルの知識人や芸術家）に由来し，「世界の合理化と商品化の過程」から生じる幻滅と真正性の喪失，それから自由・自律性・創造性の抑圧を問題にし，あらゆる束縛からの解放を主張する。

165

第Ⅲ部 「地域の価値」の政策論

2.2 資本主義の精神の変化と地域発展

資本主義の「精神」のアイデアは、ボルタンスキーがロラン・テヴノーと一緒に定義した「シテ」（Cité）という概念を基に考案されている（ボルタンスキー、テヴノー、1991=2007）。シテとは、もともと都市共同体を示すフランス語であるが、彼らの概念規定によれば、それは諸存在（人・モノ・出来事）の性質を決定する際の参照軸となるような、社会秩序の基礎となる規範的価値の原理を指す。人やモノの性質が不確定な状況においては、市場交換を含めて相互行為は成立しない。ここで、質的規定（qualification）と呼ばれる諸存在の性質を決定し秩序を打ち立てる作業が不可欠となる。そして諸存在の性質を定める参照軸となるのが、このシテと呼ばれる規範的な慣行（コンヴァンシオン）である。シテはこれまでの政治哲学の著作が煮詰めてきた高度な一貫性と完結性を持った論理で、人々が準拠するべき共通善とは何か、あるべき行いとは何かを示す。

シテは歴史的に形成されるもので、今日、7つのシテが特定されている。家内的（domestique）シテ、工業的（industrielle）シテ、インスピレーション（inspiration）のシテ、世論（opinion）のシテ、市場的（marchande）シテ、市民社会的（civique）シテ、それからボルタンスキーとシャペロが特定したプロジェクト志向（par projet）のシテである。そして、それぞれのシテが独自の共通善を持つ。たとえば、市場的シテはアダム・スミスが描いた世界で、私的利益の追及は社会の富の増大に通じることから善であり、成功者が偉大な人物となる。他方で、市民社会的シテは、ルソーの社会契約論の世界で、個人の利益を離れて一般利益を追求する意思（一般意思）へと近づく市民こそが偉大であるとする。

資本主義の精神は、批判とも不可分な関係を持つ。資本主義は、批判に応えるために、それを精神へと取り込んだり精神を変化させるとともに、そこで評価される人やモノの価値（偉大さ）の正統性を証明するような諸々のテスト（試練）の装置を構築・整備する必要がある。すなわち、「多数の批判を前にして真剣に受け取られるためには、現実の課す試練に服さなければならない。試練に耐えるためには、資本主義の正当化はいくつかの装置、すなわち事物、規

則，慣行といったものの組み合わせに依拠」（ボルタンスキー，シャペロ，2013，上・61-62頁）しなくてはならない。たとえば，市場的シテでのテスト（利潤の獲得）は，機会の平等を担保する装置によってはじめて正統なものとなる。

図表10－1のように，資本主義にはこれまでに3つの精神があった。19世紀末から1920年代の工業経済の勃興期は第1の精神，1930年代から戦後の高度成長期は第2の精神，そして1970年代から1990年代にかけて現れてきた新しい資本主義は第3の精神を基盤とする。本章に関わるのは，このうち第2と第3である。

まず，第2の精神は，フォーディズム（フォード主義）と呼ばれる大量生産・大量消費を基調とした経済成長体制を支え，社会的批判に応える形で工業

図表10－1◆資本主義の3つの精神と地域

	人物像	自主性	安全性	共通善	妥協	地域
第1の精神 (19世紀末)	・ブルジョワ ・個人起業家 ・家族企業	・ゲーム，リスク，投機，イノベーションの重視 ・賃労働，コミュニケーションツールの発展に伴う，地理的ないしは空間的な解放	・パターナリズム ・家族，遺産，従業員との扶養関係という家父長的特性に繋がっていることの重要性	・功利主義 ・進歩，科学，技術への，そして工業の恩恵への信念	家内的シテと商業的シテの妥協	・賃労働化と人口移動 ・人口と産業の都市への集中
第2の精神 (1930年代 〜1960年代： 高度成長期)	・ディレクター（管理者） ・工業部門の大企業 ・合理的な労働組織	・権力をもつポジションへのアクセス ・必要からの解放 ・大量生産・大量消費を通じた欲望の実現	・合理性への信仰と長期の計画化 ・労働法と社会保障の発展	・制度的で集団的な連帯 ・社会正義を目指した，財の再分配と富の共有	工業的シテと市民社会的シテの妥協	・国土の均衡ある発展 ・成長の極 ・中央集権
第3の精神 (1970年代 〜1990年代)	・可動的であること ・地方分散 ・ネットーク化した諸企業	・目的への志向 ・ヒエラルキーの拒否と自己管理	・能力主義 ・未来の制御 ・個人的な開花 ・信頼	・ニュー・テクノロジーへの信頼 ・新しい正義感覚の登場	プロジェクト志向のシテ＋？	・グローカル化 ・ネットワーク ・地域資源の結合 ・地方分権

出所：立見（2022）より

167

第Ⅲ部 「地域の価値」の政策論

的シテと市民社会的シテの妥協として形成された。その結果生まれたのが福祉国家であった。それは効率性・パフォーマンス・官僚制機構など工業の論理と，不平等の解消へと向かう公平性の論理の融合であった。たとえば，チャップリンの映画「モダン・タイムス」で描かれた規格化・画一化された労働や商品の大量生産・消費は工業的シテの論理に，また利潤分配の平等性，福祉国家を支える生活保障制度の整備，「国土の均衡ある発展」を目指す国土政策のスローガンなどは市民社会的シテの論理に従うものである。

　これに対し，第3の精神は，フォーディズムの特徴であった官僚制的なヒエラルキーや権威，量産に基づく機械化・合理化・画一化を拒否し，個性，創造性，美の回復と，あらゆる束縛からの解放を目指す芸術家的批判に応えて形成されたものである。とりわけ1990年代以降に各国で顕在化した「プロジェクト志向」のシテに基づく。今日，様々な場面で，個々人がプロジェクトを通じて自由に結びつき創造性を発揮することが求められるが，これはこのシテの「結合主義的」な論理に従うものである。個人の起業，新結合によるイノベーション，デザイン思考の推奨なども同様である。近年のプラットフォーム・ビジネスの興隆は，人々の出会いと結合の場を創出するというニーズを背景にする。

　しかし，他方で，労働者組織の弱体化に伴いかつての社会的批判が後退したことでフォーディズム期のテストの装置が解体されてゆき，資本と労働の妥協（団体交渉制度による賃金アップ）を通じた分配の公平性は失われ，企業／産業の「フレキシビリティ（柔軟性）」と引き換えに雇用は不安定化し（次の雇用先を見つけるための「雇用されうる能力」が鍵となる），経済／地域間格差や社会的排除の問題が深刻さを増している。1980年代以降の先進諸国を特徴づけるのは，経済的と社会的なものの両立をめぐるこうした困難な状況であり，これが（社会）連帯経済のようなオルタナティブな実践が生み出され，広がりを見せる背景となってきた。

　ここで，あらためて地域発展との関わりで捉えると，第2の精神は，経済地理学者のブレナーが呼ぶ「空間的ケインズ主義」政策に，第3の精神は「グローカル化」政策に対応すると考えてよい。「グローカル」とは，グローバルとローカルをかけた造語である。前者は，次節で詳述するが，フォーディズム期のケインズ主義的経済政策のいわば地理的投影で，「成長の極」を形成する

第10章　現代地域発展論

地域開発を重視し、「国土の均衡ある発展」をめざす。これに対し、後者は成長と福祉国家が行き詰まりグローバル化が進展する1980年代以降の動向で、地域の資源を活用しながら、地域の境界を超えたネットワーク形成や価値にも開かれた発展を重視する。

2.3　地域発展をめぐる「精神」の移行——成長の極の終焉から

まず、「成長の極」とは、第二次世界大戦後の高度成長期に世界各地で展開された「地域開発」という地域振興手法を支えた基本的な考え方である。フランスの経済学者ペルーによって提唱された。すなわち、「成長は至るところで同時に生起するものではない。成長は、成長の点あるいは極において現れてくるもので、その強度もまちまちである。成長は様々な経路で波及し、経済全体に多様な最終効果を及ぼす」。当時の地域開発においては、まずは成長力の高い産業（推進力産業）を振興するための工業拠点を整備し、さらに局所的に得られる成長の成果をその他地域へと波及させていくことが重視された（Perroux, 1955）。

しかしながら、成長の極は波及効果だけではなく、地理的不均等発展をも助長する。実際、日本でも起きたのは、高度経済成長期を通じて人口が大都市・工業地域に吸収され、農村地域の過疎が深刻化したことである[3]。当時、地域間格差は世界中で問題となっており、中心・周辺論として論点化された。アンドレ・グンター・フランクやサミール・アミンに代表される従属理論等が、中心・周辺関係における不等価交換や搾取など資本主義に内在する空間的諸問題を明るみに出した。1960年代を通じて、理想と現実の落差から、地域開発に対しては不平等や搾取の告発など多くの社会的批判が展開された。

そして、1970年代以降、世界の事情は一変する。工業が斜陽化し成長が止まる中で、成長の極理論に基づく思考や政策は放棄される（Benko, 1998）。西欧諸国では「上からの」開発モデルは終焉し、代わって、内発的発展、地域発展、

---

3)　宮本（1973）によると、拠点開発は、重化学工業の誘致→関連産業の発展→都市化・食生活の変化→周辺農村の農業改善→地域全体の所得・財政収入の増加といった順序で、最終的には生活基盤への公共投資・社会政策による住民福祉の向上を目指していた。しかし、実際には波及効果は限定的で、代わりに、公害問題、生活基盤への公共投資の欠如、周辺地域から中心地域への利益の流出などの諸問題を生み出すものであった。

169

第Ⅲ部 「地域の価値」の政策論

下からの発展，まちづくり，自力による発展などを強調する「ローカルな発展」という考えがこの時期に登場した。フランスのような国では1980年代初頭の地方分権の推進を追い風に，新しい理論構築が模索される。この中で，1980年代の「柔軟な専門化」論に始まる新しい産業集積論が形成されていく。これには様々なバリエーションがあるが，共通して，地域企業による地域資源（技術，素材，産業文化など）を活用した地域発展を重視し，地域内外のネットワークを通じた結合とイノベーションの環境として地域を捉える。とりわけ，1990年代以降，「産業地区」，イノベーティブ・ミリュー，地域イノベーションシステム，「生産の世界」，産業クラスター，ローカルバズとグローバルパイプライン，認知的近接性／距離など，世界的に多くの理論が提起され議論が深められていった（立見ほか，2021）。

　こうした変化は，資本主義の第2の精神から第3の精神への移行の中で理解できる。第2の精神は工業的シテと市民社会的シテの妥協として形成され，第3の精神はプロジェクト志向のシテを特徴とするものであった。すなわち，第2の精神を特徴づけるような，地域開発の有する画一性（公平性），中央集権性，硬直性が否定され，地域固有の資源，柔軟性，分権・ネットワーク・結合が重視されるようになったと言える。そして後者の第3の精神に基づく地域発展論は，1990年代以降のイノベーション重視の地域産業政策へと帰着する。しかし，芸術家的批判の要求は，この流れへと完全に回収されたわけではなかった。それは，社会的批判と結びつくことで，本章が探求する「もう1つの経済」への試みも形成していったのである。

3 ｜ 新しい地域発展理論——連帯経済

3.1　内発的発展の視座

　日本においても1970年代以降，ボルタンスキーとシャペロの枠組みから解釈すると主に，エコロジーを重視する芸術家的批判の観点から，内発的な地域発展が模索されるようになる。玉野井芳郎は，中央集権に基づく画一化や生態系の忘却を批判し，地域分権の必要を唱えた（玉野井，1977）。そして，地域主義として，住民が地域の風土的な個性を背景に地域の共同体に対して一体感を

170

もち，行政的・経済的自立性と文化的独立性を追求するべきであると主張した。宮本憲一は，さらに「外来型開発」（＝地域開発）への社会的批判も踏まえて，「土着の技術や経済のなかから，新しい自立の方向」を探す試みとして内発的発展論を提起する（宮本，1980，163頁）。内発的発展論はその後精緻化され，地域経済学をはじめ大きな影響を及ぼす。

　内発的発展論においては，第1に，「土着の技術や経済」の活用のほか，地域住民による学習・計画・経営が目指される。ただし，それは地域主義に比べると，地域の自律を過度に強調せず，地域外部との関係を考慮する。第2に，その中で，自然環境や美しい街並みの保全，福祉・文化の向上による住民生活を豊かにするような開発がなされ，第3に，域内の多様な産業連関構造の構築と付加価値の地域への帰属を実現すべきと考える。そして第4に，住民参加の制度に基づく自治権を自治体が持つことが重視される。このうち，第3の産業連関の構築に関しては，基本的に，輸入代替（輸入していた財を自国の生産に置き換えていくこと）や波及効果を重視する初期開発経済学者たちと類似の発想である。その意味ではむしろ，第2点目に示されるような市民社会の共通善に向けて，地域住民の学習と参加によって開発の中身や方向性をガヴァナンスする仕組みづくりに，内発的発展論の特徴を見ることができる。

　内発的発展論は，1990年代以降，「地域づくり」と呼ばれる潮流をはじめ，様々な形で受容されていく。しかし，地域経済において，内発的発展の具体像とはいかなるもので，どのような諸制度によって支えられるものなのであろうか。以下では，連帯経済の理論と制度に具体的な回答を探ってみよう。

3.2　新しい地域経済論としての連帯経済

　連帯経済は，南欧やラテンアメリカを中心に2000年代以降世界的に広がってきた実践で，環境破壊，社会的紐帯の崩壊，不平等の拡大など，資本主義の限界を乗り越え，「もう1つの経済」を作ることを目指す。連帯経済は，自由な個人の自律的・民主的なつながりのもと，共通善（皆にとって善いこと）とは何かを探求し，それに寄与する財・サービスの生産を担う。

　ただし，「資本主義の新たな精神」を踏まえるならば，現代資本主義と連帯経済は完全に分断されているかというと必ずしもそうとは言い切れない。連帯

第Ⅲ部　「地域の価値」の政策論

経済もまた現代資本主義と同様に，芸術家的批判，すなわち個人の自由・自律・特異性の要求を内部化しているように見えるためである。連帯経済は，おそらくはプロジェクト志向のシテとも結びつきながら，基本的には市民社会的シテの善，すなわち，相互扶助的（互酬的）な連帯や社会的公正といった善を探求する[4]。具体的にイメージしやすい活動は，生協など協同組合やNPOといった非営利組織，貧困者に金融手段を提供するマイクロファイナンス，周辺地域との取引において買い叩かず適正な価格を支払うフェアトレード（公正な貿易），社会課題に取り組むソーシャルビジネス／イノベーションといったものだろう。

　しかし，連帯経済とは，個別企業や個人の単体の活動を単に意味するわけではない。これは強調しておきたいポイントである。連帯経済は，「どのように共有するか（共通善）」，「どのように参加するか（参加型民主主義）」を常に問い，共通善・財の生産に向けて生産・流通・消費の連関を創りながら，「もう1つの経済」の具体的なカタチを探る。共通善の実現に向けて，一人ひとりが自発的につながり，自由に意見を述べ合う場の存在が不可欠である。これは公共空間（espace public）と呼ばれ，企業もまた公共空間としての役割を担う。

　営利目的の株式会社であれば，株式をより多く持っている人がより大きな発言力（意思決定権）を持つ。しかし連帯経済では，企業は協同組合のように1人1票の原則で民主的にガヴァナンスされる必要がある。企業を運営する権力が，分散され皆によって共有されている状態である。したがって，ある企業が環境問題への貢献など社会課題に対応する活動を行なっていても，運営が民主的でなければ連帯経済には含まれない。企業経営には従業員・地域社会・顧客など非常に多くのステークホルダー（利害関係者）がいるが，彼らが企業に出資し経営に参加することができる制度も存在する（次節で述べるSCIC）。

---

4)　ボワイエ（2023）が指摘するように，社会連帯経済は，「市民権と平等の原理が支配する」市民社会的なシテと市場的シテとを「和解させようとするハイブリッドな組織に立脚する」（142頁）と考えられる。ボワイエは「プロジェクト志向のシテ」に言及していないが，芸術家的批判を通じて提示されてきた価値を取り込んでいることは間違いないであろう。ラヴィルによれば，結局，「資本主義の新たな精神は，『連帯の新たな精神』を排除することはなかった」（Laville 2016, p.237）のであり，連帯経済は，自由や自律を求める芸術家的批判だけではなく，安全性や公正など社会的批判にも答える経済として実践を通じて構想され，構築されてきたと考えることができる。

第10章　現代地域発展論

図表10－2◆連帯経済の概念図式

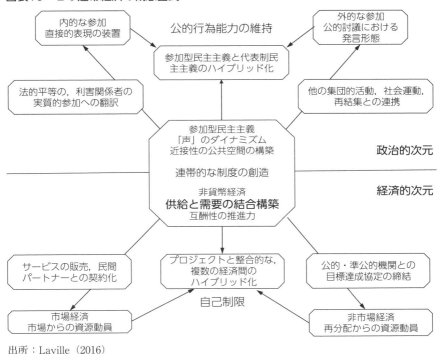

出所：Laville（2016）

　図表10－2は連帯経済理論をリードしてきたラヴィルによる連帯経済の概念図である（Laville, 2016）。これを見ると，連帯経済は政治と経済という2つの次元を含む。市場経済では，一般的に，自分の利益を追求する人々が，売り手あるいは買い手として市場を通じてのみ関係を持ち，価格の変化を見て独立に売り買いの意思決定をする。これは自己調整的市場とも呼ばれる経済活動の調整方法であり，そこでは人々が連帯し社会的な利益あるいは共通善について考えるような機会は一切排除されている。

　これに対し，連帯経済では，お互いに支え合う互酬性を原理とし，人々が経済の仕組みやその社会的な結果について学習し価値判断することで，共通善の拡大を目指す。自己調整的市場では，財やサービスに関する質的情報は価格に集約されるが，いくら機能性が高く値段が安いものであっても，実際には児童

173

第Ⅲ部 「地域の価値」の政策論

労働やブラック企業での不当な労働によって生産されたモノかもしれない。連帯経済は，質的情報を共有し経済活動を見える化することで，経済の暴走に歯止めをかけ，共通善・財の拡大を通じて社会をよりよくしようと考える。これはいわば参加型民主主義の原理によって経済を統治する試みであり，政治的な次元が重んじられる理由となっている[5]。

かくして連帯経済では，売り手と買い手がともに財やサービスの価値（＝質）の決定に関与する過程が重視される。これが，図の中心に描かれる「供給と需要の結合構築」である[6]。公共空間の中で，売り手と買い手さらに広範なステークホルダーが共通善を支えに連帯し，互いに試行錯誤，学習するなかで社会的課題のありかが突き止められ，提供される財・サービスの価値が生産されていく。本章が依拠するコンヴァンシオン理論の観点からすれば，それは，共通財の質的規定と正当化のプロセスである。公共空間は様々で，それは企業かもしれないし，まちづくり組織かもしれないが，質的規定のプロセスを公共空間における民主的討議に委ねることで分権化する点に連帯経済の特徴がある。質的規定はすなわち価値を定める作業であり，その意味で，それは価値づけの権力の分権化として理解しうるものである。ただし，共通財・善は社会的構築物，すなわち集団によって承認され価値づけられるものであるため，その過程は，所有権，占有，責任のレジームをめぐる社会的コンフリクトを伴うものでもある（Gadray, 2013）。

連帯経済の特徴は，これだけではない。異なる原理を持つ「経済」から資源

---

5) Thévenot（2015）によると，政治と経済は通常明確に区別され，それぞれ異なるタイプの価値形成の場と価値形成様式をもつとみなされる。前者においては，公共空間における熟議を通じて共通善に寄与する政治的価値が目指される。これに対し後者は，市場が価値形成の場であり，公共空間も熟議も存在しない。そこでは，消費者によってなされる個人的な購買選択をもとに，価格によって測定されるところの市場的価値が形成される。この点を踏まえると，社会連帯経済は，政治と経済を結合させ，公共空間において共通善に向けた価値が形成される経済であるということもできるだろう。

6) 宇仁（2003）がいうアソシエーション的調整が，「供給と需要の結合構築」のための補完的な理解を与えてくれるように思われる。「市場的調整と比べると，やり取りされる情報の量は非常に多くなる。価格という単一の数値に還元可能な生産コスト情報だけでなく，数量に還元できない質的情報が数多くあるからである。したがって，アソシエーション的調整の発展はこの多種の情報のやり取りを可能にするコミュニケーション技術の発展にも，ある程度依存する」（174頁）。ICT技術の発展に加えて，連帯経済において重視される公共空間の構築が，この点でも役割を果たすように見える。

第10章　現代地域発展論

を動員し，ハイブリッドに運用することである。特に市場経済の力を活用しようとする。経済には自己調整的市場だけではなく，歴史的に3つの原理が存在してきた。すなわち，互酬性，再分配，交換である。資本主義社会で支配的なのは市場交換（売買）だが，農村社会にはお金を介さないやりとりなど互酬性の原理が残る。また，補助金や生活保障など政府による所得再分配に基づいた格差是正はすでに見た。連帯経済は，贈与や相互扶助など互酬性を原理としながら，市場経済での交換／営利企業との連携，補助金の活用などをハイブリッドに組み合わせて1つの経済を成り立たせる。

　連帯経済が目指す共通善・財とは，より具体的にどのように理解したらよいか。フランスの連帯経済の担い手達によって利用されている説明を参照すると，それは「コモンcommun(s)」とも呼ばれ，「資源」「コミュニティ」「ガヴァナンス」といった要素から成り立つ（立見ほか，2021）。このうち，「資源」というのが共通財の性格を持ち実際の生産の対象となるものである。そこには，知識，公共空間，自然，文化的景観，フリーソフト，ポピュラー文化，ヒトゲノム（遺伝子情報）などに加え，ジェンダー間の平等や労働者の安全性など社会的権利も広く含まれる。これはいずれも，共同生産・共同利用され，共有されることによって共通善・財として価値を持つものである。さらに，共通善・財が，資源をめぐって価値を共有するコミュニティ（ユーザー，アソシアシオン，企業，公共団体等，多様なステークホルダーから構成される）が形成され，連帯経済の原理で生産・利用がなされる（ガヴァナンス）ことではじめて，共通善・財となることが重要である。共通善・財は，生産やそこへのアクセスの仕方を含めて成立するものと考えられている。

　ここで，互酬性や共通善・財（コモン）の理解をめぐって注意しなくてはならないのは，連帯経済と伝統社会との明確な違いである。シテの違いと言っても良い。伝統社会の考え方（家内的シテ）では，一般的に，女性よりも男性に，個人よりも集団に，若者よりも年配者に優越性を与える。これに対し連帯経済は，対等で自由な個人が自律的に結合し，民主的に自治を行うことを重視する。連帯経済を支えるシテについては慎重な検討が必要だが，シェアリング・エコノミーへと進む主流の経済が「プロジェクト志向」のシテ＋市場的シテであるとすれば，連帯経済は上述したように「プロジェクト志向」のシテを共有する

175

第Ⅲ部 「地域の価値」の政策論

が，社会的批判を担う市民社会的シテの価値によって強く支えられた世界であると考えられる。シェアリング・エコノミーとは，食事宅配サービスのウーバー・イーツのようにインターネットの専用アプリを使って，誰でも空いているモノやスキルを自由に交換したり共有できる仕組みを言う。しかし，それは私的利益に基づく市場経済の拡大にほかならず，しかも労働法で守られた「労働者」をその対象外の低収入「個人事業主」に変えることで経済格差を助長する面も持つ。連帯経済はこれを批判的に捉え（社会的批判），人々の連帯と共通善・財への寄与を強調するのである。

4 ┃ 連帯経済の実例──フランスにおける政策形成

4.1 社会連帯経済と社会連帯経済企業

　以下では，連帯経済の具体的な制度化として，フランスの社会連帯経済の取り組みを紹介する。ここから，地域経済を支える具体像がみえてくるはずである。

　フランスでは，もともと社会的経済，連帯経済，社会的起業家という3つの異なる概念が，緊張関係を持ちながら並存してきた。2000年代以降，それらが徐々に接近し，連携関係を持っていく。そして誕生したのが，社会連帯経済（ESS：Économie Sociale et Solidaire）である。2014年には，社会連帯経済関連法（ESS関連法）が成立し，企業形態や融資制度など制度化が進むことで広がりを見せている。2016年現在でGDPの10％，総雇用の12.7％を占める。日本でも2020年に労働者共同組合法が成立したが，ESSは1つの経済を支える原則を法制化しており，より包括的な内容となっている。

　ESS関連法では，社会的有用性／効用（utilité sociale）という言葉で共通善への寄与が盛り込まれている。同法第1条の定義によると，ESSとは，特定の産業部門ではなく，資本よりも人間を優先するような「人間活動のあらゆる領域に適用されるところの，企てならびに経済発展の方法」である。そしてESSを支える企業，すなわち社会連帯経済企業（ESS企業）は，利益配分以外の目的，民主的ガヴァナンス，責任ある経営という3条件を満たした企業から構成される。

第10章　現代地域発展論

　図表10－3は，ESS関連法の枠組みを図式的に示したものである。まず想定されるアクターとして，社会的経済と呼ばれる非営利組織（協同組合・アソシアシオン・共済組合・財団）と商業企業（あるいは商事会社）との区別がある。社会的経済の企業は，当初から上記の3条件を満たしESSに帰属するとみなされる。ESS関連法ではさらに，第11条において，特定の社会的課題に取り組む，とりわけ強い社会的効用を生み出す企業に対して，「社会的効用を持つ連帯企業（Entreprise Solidaire d'Utilité Sociale）」認証を付与する仕組みを設けている。これが，その頭文字を取って「ESUS（エジュス）」認証と呼ばれる制度である。ただし，この認証を取得するためには，国と社会保険提携をしている企業（経済活動を通じた社会参入企業，住居・社会的再参入センター，等々）を除き，一定の追加条件を満たすことが必要である。「ESUS」認証を得ると，連帯貯蓄の融資を利用できたり，公共の仕事を優先的に受注することができる（ESS関連法第13条）。

　すでに見たように，ESS企業は様々な組織形態を含むが，協同組合会社は，

図表10－3◆社会連帯経済関連法の図式

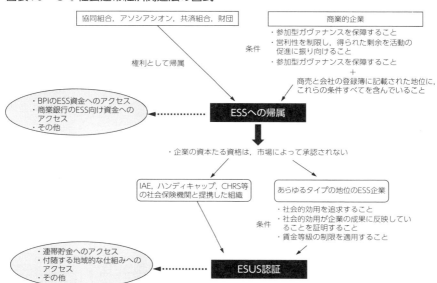

出所：Lacroix et Slitine（2016）より作成

177

第Ⅲ部 「地域の価値」の政策論

諸資源のハイブリッドな動員というESSの特徴を端的に表している。協同組合会社は，協同組合の一形態として協同組合の原理（＝アソシアシオンの原理）による参加型ガヴァナンスが採用されると同時に，株式会社等の商法が定める法人形態をとることで市場経済の資源を動員（財・サービスの販売，営利企業との連携など）することを促進する。

協同組合会社には，SCOP（協同・参加会社Société Coopérative et Partici-pative）とSCIC（集合的利益のための協同組合会社Société coopérative d'intérêt collectif）という２つのタイプが存在する。SCOPは，日本の労働者協同組合に相当する組織で，従業員が大半の資本を保有することでガヴァナンスの権力を共有するのに対して，SCICは，従業員のほか生産者，顧客・ユーザー・サプライヤーなどの利益受給者，さらに地方自治体，ボランティア，アソシアシオンなどの第三者といった，複数のステークホルダーが出資する。地域発展にとって，SCICには大きな期待が寄せられている。というのも，従業者，製造業者，サービス受給者，第三者など多様な人や組織を，地域発展のもとに協力させるのに適しているからである。地域発展にとって地方自治体の参加は重要で，全国の34％のSCICで地方公共団体が資本参加している。ただし，SCICでは特定の利益団体が強い発言を持たないよう，出資の上限が定められており，地方自治体も例外ではない。

4.2 社会連帯経済と地域発展

ESSは，「もう１つの経済」を生み出そうとする運動であるが，何よりも近接性に基づき，地域に根ざした実践である。政策的にも地域レベルでの展開が重視されるなど，「もう１つの地域経済」を目指す試みとなっている。

なかでも，地理的な近接性を意識的に盛り込んだ政策として，PTCE（Pôles Territoriaux de Coopération Économique：経済協力のための領域拠点）（ESS関連法第９条）がある。PTCEが着想された背景には，産業政策の分野で世界的に影響を及ぼしたポーターのクラスター論や，フランスにおけるペクールらの「近接性の経済」など経済地理学の影響がある（Lacroix et Slitine, 2016）。これらは，第３節で述べた「ローカルな地域発展」を支える諸理論であり，ローカルに形成されるアクター間のネットワーク（クラスター）や近接性が，

178

イノベーションや雇用創出を促進すると考える。これらは産業政策の領域において，2005年から「競争力の極」と呼ばれる政策（フランス版産業クラスター政策）の理論的根拠ともなった。「競争力の極」政策では，地域の知識・技術基盤をもとに，地域内の企業や機関，さらに域外のアクターを結びつけることでイノベーションを促進し，地域経済の成長を創出しようとする。

　PTCEは，同様の発想をESSに応用したものである。ESS企業を中心に，中小企業，自治体，研究機関，教育機関など域内の多様なアクターが日常的に協働し，社会的・技術的に新奇なイノベーションを起こす枠組みとして構想された。2013年に国によってPTCEの募集が開始され，第1回目で23件が採択され3年間の補助金が交付された。PTCEは地域のアクターが結集し協働するための枠組みであり，実際の活動領域や目的は多様である。たとえば，農業，文化，ツーリズム，リサイクル，失業対策，社会的包摂，地域活性化，競争力の強化，遺産や環境の保全など，様々である。PTCEは手続きの簡便さからアソシアシオンとして立ち上げられることが多いが，最終的にはSCICに移行することが望ましいとされる（立見ほか，2021）。上述したように，SCICが地域内の様々なアクターが結集する枠組みとして優れた特徴を有するからである。なお，PTCEは多様なタイプの公共団体によって支援されるが，資金面では州が果たす役割が大きい。

　最後に，SCICとPTCEを第3節で述べた連帯経済の原理との関連で捉え直しておきたい。SCICでは，質（＝価値）を定める権力が分散されており，関連アクターの開かれた討議によって自己構成的に共通財の質的規定（価値づけ）が行われる。同様にPTCEは，地域の多様なステークホルダー間の利害関心を調整し，共通善・財への合意／生産を可能にするような装置として，オルタナティブな地域発展の推進に寄与しうるものである（Association Française d'Économie Politique, 2023）。

5 ┃ 連帯経済から「地域の価値」へ

　前節で見たように新しい地域経済理論である連帯経済はフランスをはじめとするいくつかの国では現実に政策として実践されている。地域経済にとって連

第Ⅲ部 「地域の価値」の政策論

帯経済の魅力の1つは、そのハイブリッドな資源利用であり、特に市場経済の力を活用することで現実味のある発展モデルを提供していることである。しかし、グローバル経済から「隔絶」された今日の地域経済をめぐる困難な状況の中で（小田切，2024）、それは果たして可能なのだろうか。これに対し、市場経済の変化がこれを後押ししている、というのが本章の主張である。

　第1に、市場で交換される財・サービスの価値基準の多様化がある。かつては、工業製品のように価値はモノの属性に帰属し数値で測られるものであった。しかし今では、価値は、「プロジェクト志向」のシテにおいて、財やサービスの「個性」を形作る何らかの「物語」によって決まるようになってきた。個性とはある財が生産され、消費される瞬間に至るまでの来歴である。フェアトレードや旅先での交流など、物語への共感や真正性（本物であること）が価値を生む。この中で、連帯経済が提供する価値（共通善への貢献）が市場経済における商品価値としても受容されることで、市場経済の力を活用する余地が広がっている。

　第2に、「豊穣化の経済」の進展がある。この概念を提起したボルタンスキーとエスケレによると、先進諸国における価値の生産は、すでにあるものの豊穣化に依拠する傾向を強めている（Boltanski et Esquerre, 2017；立見，2019）。「豊穣化」とは、美術館のキュレーターやコレクターが行うように、テーマ別にモノとモノとを体系的に関連付けて物語の文脈（コレクション）を作り上げることで、すでに価値を失ったものに新しい観点から価値を再付与する作業を言う。これは第1章が示す「コレクション形態」と呼ばれる価値づけ形態である。「豊穣化の経済」においては、地域という空間が、コレクションを収納する容器の役目を果たす。地域は、固有の歴史・文化・自然・立地等々に満ちており、新たな観点から域内の諸資源を（再）結合し、コレクションを構築する格好の素材を提供する。「豊穣化の経済」の中で地域の個性を高めることで、農村や斜陽工業地域などの衰退地域に新しい発展の可能性がもたらされている（望月，2024）。創造都市政策とも呼ばれる、欧州におけるアートや文化を通じた斜陽工業都市の活性化策はこうした背景から理解される。

　こうした地域への価値付与と地域発展という主題は、本書において「地域の価値」論として展開されているものである。地域発展にとって、「地域の価値」

第10章　現代地域発展論

は二面性を持つ。それは一方で，「農村空間の商品化」やツーリズムにおける生活文化の商品化のように，商品価値へと変換されて経済的利益を生み出すが，他方では，その結果，真正性（「つくり物」ではない，暮らしに根ざした物語や景観）が失われ，価値の基盤が突き崩されてしまう恐れも招く。

　しかしながら「地域の価値」は，差異の商品化によって完全に回収されてしまうわけではない（第1章参照）。ここで，個性や真正性に価値を与える「プロジェクト志向」のシテの内部には，矛盾があることを想起するのが良い。すなわちこのシテでは，値段をつけた途端に真正性は疑いの目に晒されてしまうために（芸術家的批判），商品化は，物語の真実を裏づけようと商品化とは本来「隔絶」した世界（市場的シテとは異なる諸価値）と共存を図らざるを得ない。「批判は，非真正性を告発すると同時に，そうした告発の素朴さをも告発」するのであり，「真正性の新たな需要は，それ自身に対して皮肉な距離を取りつつ，絶えず形成されなくてはならない」のである（ボルタンスキー，シャペロ，2013，上・218頁）。この意味では，「スペクタクル化」したイメージの消費ないしは拒絶にとどまらず真正性を追求していく顧客の市場とつながることが，「地域の価値」の喪失を防ぐ上で重要である。

　「地域の価値」は，さらに共通善・財（コモン）として適切に扱われることで，新たな地域発展の展望をもたらす。この点に関連して重要なのは，価値づけに関わる媒介者たちの権力と利益の分配をめぐる問題である（ベッシー，ショーヴァン，2018；立見，2019；山本，2021）。特に「地域の価値」をめぐっては，真正性を評価し地域の価値づけを担う装置を地域で作り出していくことが重要なポイントになる（第1章，第9章）。

　これは言い換えると，「地域の価値」を民主的にガヴァナンスする仕組みづくりの問題であり，まさに連帯経済が切り拓く地平であると言って良い。そのためには，人々がルーティンへの順応や「経済人」に還元されることなく，批判的能力を持ち，共通善について内省する力を獲得することが必要である（立見・山本，2022）。価値づけの権力の分権化は，そうした人々の能力を前提とするのである。

第Ⅲ部 「地域の価値」の政策論

◆付記

本章は，立見（2022）を加筆修正したものである。

◆参考文献

宇仁宏幸（2003）「現代資本主義におけるアソシエーション的調整」田端稔ほか編『アソシエーション革命へ―理論・構想・実践』社会評論社，169-196頁。

小田切徳美（2024）『にぎやかな過疎をつくる―農村再生の政策構想』農文協。

立見淳哉（2019）『産業集積と制度の地理学―経済調整と価値づけの装置を考える』ナカニシヤ出版。

立見淳哉（2022）「新しい地域発展理論」小田切徳美編『新しい地域をつくる―持続的農村発展論』岩波書店，1-20頁。

立見淳哉・長尾謙吉・三浦純一（2021）『社会連帯経済と都市―フランス・リールの挑戦』ナカニシヤ出版。

立見淳哉・山本泰三（2022）「価値と価値づけの理論的検討 ―コンヴァンシオン経済学における展開」『季刊経済研究』第40巻第1-4号，48-66頁。

玉野井芳郎（1977）『地域分権の思想』東洋経済新報社。

ベッシー，C.，P.ショーヴァン（2018）「市場的媒介者の権力」（立見淳哉・須田文明訳）『季刊経済研究』第38巻第1-2号，19-50頁。

ボルタンスキー，L.，È.シャペロ（2013）『資本主義の新たな精神』（三浦直希ほか訳）ナカニシヤ出版。

ボルタンスキー，L.，L.テヴノー（2007）『正当化の理論―偉大さのエコノミー』（三浦直希訳）新曜社。

ボワイエ，R.（2023）『自治と連帯のエコノミー』（山田鋭夫訳）藤原書店。

宮本憲一（1973）『地域開発はこれでよいか』岩波新書。

宮本憲一（1980）『都市経済論―共同生活条件の政治経済学』筑摩書房。

望月徹（2024）『地域を価値づけるまちづくり―尾道を蘇らせた移住者・空き家再生・ツーリズムの分析』ナカニシヤ出版。

山本泰三（2021）「価値づけと利潤のレント化―現代資本主義への視角」『経済地理学年報』第67巻第4号，213-222頁。

Association Française d'Économie Politique（2023）*Grand manuel d'économie politique*, Dunod.

Benko, G.（1998）*La science régionale*, PUF.

Boltanski, L. et A. Esquerre（2017）*Enrichissement: une critique de la merchandise*, Gallimard.

Diaz-Bone, R. and G. de Larquier（2022）"Conventions: meanings and applications of a core concept in economics and sociology of conventions", in *Handbook of economics and sociology of conventions*, Springer, pp.1-28.

Gadray, J.（2013）"Les biens communs : une notion au service des projets de l'ESS ?" in *Blogs. Alternatives-Economiques.*（https://blogs.alternatives-economiques.fr/gadrey/2013/11/24/les-biens-communs-une-notion-au-service-des-projets-de-l-ess（2018年4月13日最終閲覧）

第10章　現代地域発展論

Lacroix, G. et R. Slitine（2016）*L'économie sociale et soidaire*, PUF.

Laville, J-L.（2016）*L'économie sociale et solidaire : pratique, théorie, bébats*（nouvelle édition）, Editions du Seuil.

Perroux, F.（1955）"Note sur la notion de pôle de croissance", *Économie Appliquée*, 1-2, pp. 307-320.

Thévenot, L.（2015）"Certifying the world: power infrastructures and practices in economies of conventional forms", in P. Aspers and N. Dodd eds. *Re-imaging economic sociology*, Oxford University Press, pp.195–223.

（立見　淳哉）

あとがき

　本書では，全国各地の事例研究をベースとしながら，「地域の価値」の概念を理論的に掘り下げるとともに，現代における内発的発展のあり方や政策的課題を論じてきた。取り上げた事例は様々だが，「地域の価値」をキーワードとして見ていくと，今後の課題や方向性を展望できるように思われる。

　最後に，本書の来歴を説明しておきたい。本書は，編著者両名が参加する次の2つの研究会が母胎になっている。

　第1は，日本地域経済学会の共同研究プロジェクト「現代資本主義における地域の内発的発展と『地域の価値』」（2018年1月～）である。この中間的成果は，『地域経済学研究』第38号（2020年3月）の企画特集「『地域の価値』を考える」などで発表しており，本書の一部は同特集の所収論文がベースになっている。

　第2は，コンヴァンシオン理論の自主的勉強会である。第2章で論じられているように，「地域の価値」という概念を考えるうえで，この理論が立脚点の1つとなっている。当勉強会の成果は，編著者両名が編集にたずさわる大阪公立大学経済研究会『季刊経済研究』の特集などを通じて発表しており，本書にも同誌掲載論文をもとにした章が収録されている。

　本書の執筆者は，基本的にこの2つの研究会のいずれかまたは両方に参加しており，合同の研究会なども開催しながら交流を深めてきた。

　加えて編著者のうち除本は，複数の科研費プロジェクト（19K12464, 22K12507, 22K01855）において，公害など「困難な過去」を継承するという課題について研究を行っており，それらの中に「地域の価値」論を位置づけるよう努めてきた。第8章はその成果の一部である。

　本書は，こうした複数の系譜による「地域の価値」研究を包括的にとりまとめようとする初めての試みである。ただし，「はしがき」でも述べたように，「地域の価値」の定義を厳密に統一し固定化することは避け，若干の幅をもたせることで，複数の系譜からなる議論を緩やかにつなぐことをめざした。それによって，新たな理論や実践が展開されていくことを期待したのである。本書

でその第一歩が踏み出せたのであれば，われわれ執筆者にとって望外の喜びである。

　末筆ながら，本書の意義をご理解いただき出版にご尽力くださった，中央経済社学術書編集部副編集長の酒井隆さんに，深く感謝申し上げる。

2024年10月

編 著 者

索　引

あ行

旭川家具 ································ 73
甘え ··································· 118
一極集中構造 ························· 148
一方的依存 ··························· 124

か行

価格 ··································· 25
価格の慣行 ······················ 25, 28
価格の定式 ··························· 28
家具産地 ······························ 73
学習のコミュニティ ··· 7, 13, 128, 132,
　　133, 135
価値づけ ·············· 5, 21, 22, 131, 133
価値づけの権力 ······················ 25
価値の実体仮説 ······················ 23
金沢市 ································ 156
慣行 ··································· 23
観光 ······················ 147, 159, 160
感情的なつながり ···················· 96
共通善・財 ·························· 163
協働 ····························· 128, 139
計算 ··································· 27
公害学習 ····················· 127, 129, 134
公害経験の継承 ············ 127, 135, 139
公害資料館 ···················· 129, 135
交換 ·································· 109
交換価値 ····························· 25
公共空間 ···························· 172

工芸 ···························· 158, 160

広葉樹 ································· 69
御所宝湯の復活 ····················· 122
国土の均衡ある発展 ················· 168
コモン ··············· 8, 11, 20, 129
コレクション形態 ··········· 7, 14, 180
コンヴァンシオン ················ 5, 108
困難な過去（difficult past）···· 15, 127,
　　133, 134, 137

さ行

再開発 ································· 43
参加型民主主義 ····················· 172
産地社会 ······························ 85
ジェントリフィケーション ··········· 30
市場＝インターフェイス観 ··········· 26
静岡家具 ······························ 74
自然との社会的関係 ················· 81
自然の価値づけ ······················ 82
持続可能な開発目標（SDGs）···· 9, 138
質的規定 ························· 23, 24
質の慣行 ····························· 23
シテ ··································· 21
使用価値 ····························· 24
消費社会 ·························· 54, 55
真正性／オーセンティシティ ···· 4, 13,
　　14, 35, 53, 61, 87, 144, 152
針葉樹 ································· 69
生活的景観 ··························· 63
先駆種 ································· 80

187

創造的人材 ················ 88, 99, 102
装置 ·· 28

た行

ダークツーリズム ·············· 15, 129
地域開発 ·································· 169
地域産材 ··································· 71
地域資源 ·································· 146
地域的制度 ························ 156, 161
地域内経済循環 ······················ 160
地域の価値 ········ 12, 64, 143, 144, 145,
　147, 148, 152, 157, 160
地域の木 ··································· 71
地域の時代 ························· 54, 56
地域らしさ ························ 145, 148
地理的不均等発展 ····················· 163
テスト（試練） ························ 166
田園都市国家構想 ················ 56, 57
都市格 ··································· 159
都市神殿論 ························· 56, 57
友達の関係性 ··························· 118

な行

ながぽ荘の遺産 ······················· 125
西陣 ··························· 57-61, 63, 64
日常的コミュニズム ·················· 110
人間のゆたかな生（ウェルビーイン
　グ）······························· 84
認知資本主義 ········· 3-5, 19, 144, 156
ネットワーク／プロジェクトの論理
　···································· 110

は行

媒介者 ·································· 26

配置 ····································· 26
パブリック・ヒストリー ·········· 128
バリューチェーン ········ 143, 145, 148
ヒエラルキー（上下関係）········· 109
批判 ····································· 25
非物質的なもの ························ 19
フォード主義的蓄積体制 ·············· 4
プラグマティズム ····················· 22
フリーランス ························· 107
プロジェクト ························· 168
文化的景観 ··························· 157
豊穣化の経済 ····················· 87, 99
ポスト資本主義 ························ 10

ま行

水島 ······························· 16, 134
３つのＣ ································ 89
水俣 ······························· 16, 129
水俣病事件 ·············· 130, 131, 133
無形資産 ································· 19
もやい直し ··························· 130

や行

柔らかい個人主義の誕生 ········· 54, 55
ヨキカグ・プロジェクト ············ 76

ら行

利潤のレント化 ························ 29
倫理的価値 ······························ 9
歴史的街並み ························· 157
論理や関係性の摩擦 ·················· 121

《著者紹介》

（執筆順，＊は編著者紹介欄参照）

＊除本　理史（よけもと・まさふみ）　　　　はしがき，第1章，第8章，あとがき

＊立見　淳哉（たてみ・じゅんや）　　　　　はしがき，第10章，あとがき

山本　泰三（やまもと・たいぞう）　　　　　　　　　　　　　　第2章
大阪産業大学経済学部　教授
主著：『プラットフォーム資本主義を解読する―スマートフォンからみえてくる現代社会』
（共編著，ナカニシヤ出版，2023年）など

内田　奈芳美（うちだ・なおみ）　　　　　　　　　　　　　　第3章
埼玉大学大学院人文社会科学研究科　教授
主著：『まちづくり図解』『まちづくり教書』（ともに共編，鹿島出版会，2017年）など

松永　桂子（まつなが・けいこ）　　　　　　　　　　　　　　第4章
大阪公立大学大学院経営学研究科　教授
主著：『地域経済のリデザイン―生活者視点から捉えなおす』（学芸出版社，2023年）など

横田　宏樹（よこた・ひろき）　　　　　　　　　　　　　　　第5章
静岡大学人文社会科学部　教授
主著：『制度と進化の政治経済学―調整の重層性と多様性』（分担執筆，日本経済評論社，
2022年）など

岩本　洋一（いわもと・よういち）　　　　　　　　　　　　　第6章
久留米大学経済学部　准教授
主著：『低成長時代の経済学―20年を振り返って』（分担執筆，九州大学出版会，2015年）な
ど

北川　亘太（きたがわ・こうた）　　　　　　　　　　　　　　第7章
関西大学経済学部　准教授
主著：『地道に取り組むイノベーション』『現代制度経済学講義』（ともに共著，ナカニシヤ
出版）など

林　　美帆（はやし・みほ）　　　　　　　　　　　　　　　　　　　　第8章
岡山理科大学教育推進機構基盤教育センター　准教授
主著：『公害スタディーズ―悶え，哀しみ，闘い，語りつぐ』（共編著，ころから，2021年）
など

佐無田　光（さむた・ひかる）　　　　　　　　　　　　　　　　　　第9章
金沢大学融合研究域融合科学系　教授
主著：『宮本経済学の再評価と継承』（共編著，丸善出版，2022年）など

《編著者紹介》

除本　理史（よけもと・まさふみ）

大阪公立大学大学院経営学研究科　教授

主著：*Environmental Pollution and Community Rebuilding in Modern Japan*（共編，Springer，2023年），『公害の経験を未来につなぐ―教育・フォーラム・アーカイブズを通した公害資料館の挑戦』（共編，ナカニシヤ出版，2023年），『「地域の価値」をつくる―倉敷・水島の公害から環境再生へ』（共編著，東信堂，2022年），『きみのまちに未来はあるか？―「根っこ」から地域をつくる』（共著，岩波ジュニア新書，2020年），『公害から福島を考える―地域の再生をめざして』（岩波書店，2016年）など

立見　淳哉（たてみ・じゅんや）

大阪公立大学大学院経営学研究科　教授

主著：『新しい地域をつくる―持続的農村発展論』（分担執筆，岩波書店，2022年），『社会連帯経済と都市―フランス・リールの挑戦』（共編，ナカニシヤ出版，2021年），『田園回帰がひらく新しい都市農山村関係―現場から理論まで』（分担執筆，ナカニシヤ出版，2021年），『産業集積と制度の地理学―経済調整と価値づけの装置を考える』（ナカニシヤ出版，2019年），『認知資本主義―21世紀のポリティカル・エコノミー』（分担執筆，ナカニシヤ出版，2016年）など

「地域の価値」とは何か
―理論・事例・政策

2024年11月30日　第1版第1刷発行

編著者	除　本　　　理　史	
	立　見　　　淳　哉	
発行者	山　本　　　　　継	
発行所	㈱中　央　経　済　社	
発売元	㈱中央経済グループ パ ブ リ ッ シ ン グ	

〒101-0051　東京都千代田区神田神保町1-35
電話　03 (3293) 3371 (編集代表)
　　　03 (3293) 3381 (営業代表)
https://www.chuokeizai.co.jp
印刷／三英グラフィック・アーツ㈱
製本／誠　製　本　㈱

© 2024
Printed in Japan

＊頁の「欠落」や「順序違い」などがありましたらお取り替えいたしますので発売元までご送付ください。（送料小社負担）

ISBN978-4-502-52091-4　C3033

JCOPY〈出版者著作権管理機構委託出版物〉本書を無断で複写複製（コピー）することは，著作権法上の例外を除き，禁じられています。本書をコピーされる場合は事前に出版者著作権管理機構（JCOPY）の許諾を受けてください。
　JCOPY〈https://www.jcopy.or.jp　eメール：info@jcopy.or.jp〉

好評発売中

輝く農山村
オーストリアに学ぶ地域再生

寺西俊一・石田信隆〔編著〕
- A5判・216頁
- ISBN：978-4-502-28861-6

オーストリアの農山村は急峻な山岳地帯に立地し，小規模であるが，地域ごとに自治的であり活力がある。危機的な状況をむかえる日本の農業・農山村にとって大いに参考になる。

◆**本書の主な内容**◆

第1章　ここに幸せがある ―オーストリアの農業・農山村

第2章　農業・農山村を支える制度と政策

第3章　農山村ゲマインデの多様な自治の姿

第4章　地域住民みずからが取り組む「村の再生」

第5章　自然の恵みを生かしたエネルギーと地域の自立

第6章　座談会／オーストリア現地調査から見えてきたこと

中央経済社